EXPLOSIVE PATTERNS

s fortalezas. Porque son aquello que nos hace únicos.

CROCHET
+
actitud

© 2019 Instituto Monsa de ediciones.

Primera edición en Noviembre de 2019 por Monsa
Publications, Gravina 43 (08930) Sant Adrià de Besós.
Barcelona (España) T +34 93 381 00 50
www.monsa.com monsa@monsa.com

Autora de la obra Ángela Cayero
Editor y dirección del proyecto Anna Minguet
Dirección de arte y maquetación Eva Minguet
(Monsa Publications)
Todas las imágenes y textos pertenecen a ©Poetryarn
Diseño de cubierta Poetryarn
www.poetryarn.com
Atrezo Kosour Maker y Patricia Gonzalez
www.kosourmaker.com
Printed by Grupo Grafo

Tienda online:
www.monsashop.com

¡Síguenos!
Instagram: @monsapublications
Facebook: @monsashop

ISBN: 978-84-17557-11-9
D.L. B 23728-2019

CROCHET

+

actitud

ORIGINAL PATTERNS.EXPLOSIVE PATTERNS

BY POETRYARN

monsa

manifesto

10 cosas que aprendí a lo largo de mi vida: **1.** SÉ AMOR. Da amor en cada una de tus acciones por mínima que sea, pon todo lo que eres en todo lo que hagas. Es salud para la mente y el cuerpo. Te lo debes.

2. NO TENGAS MIEDO. El miedo es bueno si nos mantiene alerta, si nos paraliza no. Tomar riesgos es fundamental para ser libre.

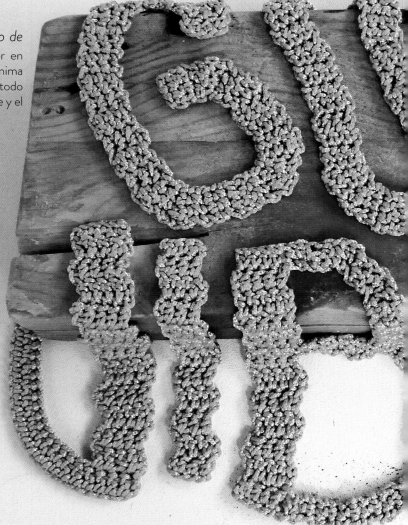

3. PERMÍTETE REÍR TODO LO QUE PUEDAS. La gente con sentido del humor tiene la inteligencia de la vida.

4. SÉ TÚ MISMO TODO LO QUE PUEDAS. Las personas que lo son se sienten libres, fuertes, somatizan menos, son más felices. Los dos polos existen en ti, no obvies ninguno.

10. Mantente al margen de lo que no te aporta. HAZ QUE CADA DÍA MEREZCA LA PENA.

9. NO PUEDES GUSTARLE A TODOS. Pero si te amas no intentarás complacer por complacer y esto te ahorrará no sólo tiempo, sino que te ayudará a vislumbrar quién cree en ti sobre todas las cosas, bajo todo pronóstico.

8. TOMA DECISIONES. Deja semillas, da ejemplo con tu camino y mensaje, sobre todo a ti misma.

7. No importa qué digan ahí fuera. TÚ ERES ÚNICA. Y si tienes un mensaje, debes saber que el momento es ahora.

6. SÉ NATURAL. Contiene la belleza de las personas.

5. Haz todo lo que esté en tu mano para ESTAR EN EQUILIBRIO CON EL PLANETA. Cuando el hombre se dé cuenta que forma parte de la naturaleza, entonces comprenderá que si ésta muere, él morirá con ella" Lionné Evoloné.

índice,

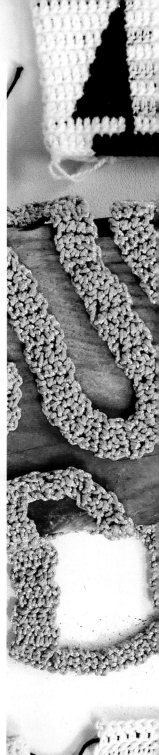

hola,

SOY POETRYARN.

Poetryarn es alguien y es algo, son mil ideas y no es nada, es todo.

HEY YOU!

"¿Has bailado alguna vez bajo la lluvia? Algunas personas no entienden cómo a otras nos puede gustar mojarnos, sí, crear es cerrar el paraguas y bañar tu pelo como si entendieras que el mañana es ahora y no hubiera más lluvia, ni más cielo que éste, sólo entonces comprenderás la vida."

Estas palabras están escritas en una habitación de 4 por 3 metros cuadrados, a mi izquierda un armario empotrado, con 4 espejos inmensos, frente a mí la pantalla del ordenador, una taza de té azul, la cámara de fotos, una libreta verde que hace de almohadilla para mi ratón, unos libros, un disco, mi caja de plumas y piedras, a la derecha una enredadera que cubre la mitad de la pared, y justo al lado la puerta para una pequeña y confortable terraza por donde entra una luz increíble. Mi cama detrás, y en el techo muchas plumas.

Si te cuento todo esto, es porque aquí he escrito lo más importante de mi vida desde mis trece años, sin perder el ritmo, proyectando cada etapa en sus paredes, y recordando la primera vez que me sonreí en el espejo por un proyecto conseguido.

1. Hola, soy Poetryarn.

2. Tengo 33 años.

3. Me las ingenio para ingeniar.

4. Diseño para mí con Actitud, la actitud es aquel conjunto de valores que me mantiene firme y bajo los cuales creo a pesar de lo que escuche. Son firmes siempre. Tengo creencias que mantengo desde pequeña, cambiar es importante, por eso reviso y perfilo mis ideas en el camino. "Caminar hacia el cambio que quiero, es ir cambiando en el camino que construyo".

5. Entiendo mejor las ideas difíciles que las fáciles y tengo algo de dislexia. A los 7 años aprendí a tejer punto como las diestras y crochet como las zurdas, a los 8 tejía con ambas manos y cosía mi propia ropa. Soy zurda.

6. Principalmente me dedico a diseñar patterns en el ámbito textil, aunque soy artista multidisciplinar.

7. Me gustan las letras, la sociología y la criminología, también la física cuántica y amo la naturaleza por encima de todas las cosas y todo pronóstico. Por supuesto el diseño, la fotografía y observar desde un pensamiento divergente.

8. El crochet es para mi una herramienta de expresión. Estudié Fotografía artística, diseño gráfico, moda, humanidades y muchas carreras, principalmente las de sensei, chamán o samurai. El crochet me permite trabajar con la mente otras disciplinas, lo practico de forma meditativa.

9. En el campo textil he sido una de las cofundadoras de la empresa creativa Sacocharte en 2009 en España. Nuestro trabajo llegó a medio mundo. He diseñado ropa y dado conferencias de emprendimiento, entre otros proyectos. Gracias a mi trabajo puedes encontrarme en multitud de entrevistas, reportajes o en Domestika con mi curso de Tapestry.

10. Escribo cuentos, poesía y aforismos desde los 6 años. Tengo 2 libros publicados y varias antologías. Por eso no podía llamarme de otra manera, Poetryarn poesía + lana. Dos de las identidades que me definen.

11. Si yo estoy aquí es porque creo firmemente en esta idea, si tú estás aquí es para creer firmemente en ella. "Si no te emociona lo que haces, ya tienes la respuesta, si te emociona lo que haces, ya tienes un motivo".
En Poetryarn encontrarás patrones originales y explosivos. Esto sólo es una gran parte de mis creaciones. Trabajo obstinadamente en mi propio lenguaje, la creación es lo que me produce la felicidad plena.

Quien me conoce, sabe que acompaño mis trabajos con textos y que enumero aquello que escribo, no haré una excepción, por eso encontrarás entre estas páginas varios escritos, mi paisaje mental. Espero que la yema de nuestros dedos índices se toquen cuando me leas.

puntos,

POETRYARN.

HEY YOU!

COLOCACIÓN DE LAS MANOS

1 Sostener el ganchillo como si estuvieras agarrando un lápiz.

2 Sostener el ganchillo dentro del puño.

CADENETA

1 Montar un nudo corredizo con las manos.

2 Introducir la aguja, tirar de la hebra hasta cerrar el nudo corredizo alrededor de la misma.

3 Dar una lazada.

4 Recoger la hebra con la aguja y pasar la lazada por la cadeneta que hay sobre la aguja.

5 Repetir el mismo proceso hasta tejer las cadenetas necesarias para nuestro proyecto.

PUNTO RASO

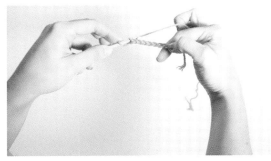

1 Introducir la aguja por el primer punto base.

2 Dar una lazada.

3 Deslizar la hebra a través del punto base y del punto que hay en la aguja. Y sacar en un sólo paso.

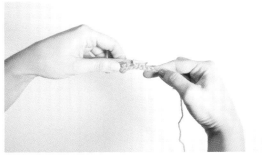

4 Repetir el mismo proceso para realizar una fila de puntos rasos.

1   Introducir la aguja por la segunda cadeneta base.

2   Dar una lazada.

3   Deslizar la aguja con la lazada a través de la primera cadeneta.

4   Dar una lazada.

5   Sacar la lazada por los dos puntos que hay en la aguja.

6   Repetir el mismo proceso hasta obtener los puntos bajos necesarios.

1 Dar una lazada.

2 Introducir la aguja por la cuarta cadeneta base y dar lazada. Deslizar la aguja con la lazada por el interior del primer punto que tenemos más cerca del gancho (la cadeneta)

3 Ahora tenemos 3 puntos en la aguja.

4 Dar lazada. Volver a sacar la lazada por el primer y segundo punto más cerca del gancho.

5 Ahora tenemos dos puntos en la aguja.

6 Dar lazada. Deslizar la aguja con la lazada a través de los dos puntos restantes que quedan en la aguja.

7 Hemos completado el primer punto alto.

8 Repetir el proceso tantas veces como sea necesario.

CÍRCULO MÁGICO

1 Sostener el principio de la hebra con el pulgar, llevar la hebra de delante hacia atrás por encima de los tres dedos, dando una vuelta completa.

2 Pasar la aguja por debajo de la primera vuelta y coger con el gancho la lazada segunda. Deslizar el hilo y traerlo por debajo de la primera hebra.

3 Dar lazada y sacarla por el punto que hay en la aguja. Ya tenemos nuestra primera cadeneta.

4 Completar la segunda cadeneta.

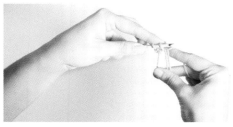

5 Pasar la aguja por el interior del círculo. Dar lazada. Deslizar con la aguja la lazada por el interior del círculo a la posición inicial.

6 Dar lazada y completar el primer punto.

7 Realizar 5 puntos más. Tirar de la hebra pequeña y apretar el círculo.

8 Cerrar con un punto raso, introduciendo la aguja por la segunda cadeneta del primer punto bajo que tejimos.

1 Introducir el nuevo color bajo los puntos altos.

2 Un punto alto antes de que indique tu patrón, debes tejer con el nuevo color. Dar una lazada en el último paso del punto alto, será la lazada que complete el punto.

3 Ya tenemos el nuevo color en la aguja.

4 Comienza a tejer tantos puntos altos como necesites con el nuevo color, llevando la otra hebra bajo dichos puntos.

5 Haz tantos cambios, como sean necesarios hasta completar la vuelta.

6 Si el primer punto de la siguiente vuelta comienza en (amarillo), debes dar una lazada en amarillo en el último paso del último punto alto en (azul), antes de terminar la vuelta. Así los colores quedarán perfectamente alineados.

· Trabajando en tubo con punto alto.

1 En el último paso para completar el último punto alto, antes de cerrar la vuelta.

2 Dar una lazada con el nuevo color.

3 Deslizar bajo las dos cadenas de la aguja. Ya tenemos el nuevo color en la aguja.

4 Introducir la aguja en la tercera cadeneta del primer punto alto que tejimos y cerrar con un punto raso.

5 Así quedará el cambio perfectamente alineado.

6 Teje las 3 cadenetas de altura. Y sigue trabajando tantos puntos altos como necesite tu patrón.

1 Enhebrar la aguja lanera. Introducir la aguja por uno de los bucles de un lado, o los dos, esto dependerá del resultado que mejor quede, y por el bucle de enfrente. Pasar del hilo.

2 Pasar la hebra por arriba de forma circular y volver a repetir la misma operación. Introduciendo la aguja por el bucle, o bucles, de un lado y del otro.

3 Repetir el proceso hasta coser todo lo que necesites.

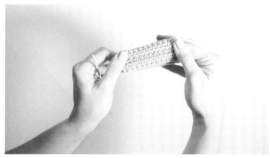

4 Tirar de la hebra para que quede ajustado. He cosido con otro color para que puedas ver el proceso.

ABREVIATURAS

Cadeneta	cad	
Punto raso	p.r.	
Punto bajo	p.b.	
Punto alto	p.a.	
Aumento	aum	
Disminución	dis	
Vuelta	v	

[ ]x2 Todo lo que va dentro de corchetes se repite tantas veces como indique el número.

( ) Todo lo que va dentro de paréntesis indica el número de puntos resultantes de dicha vuelta.

piezas,

POETRYARN.

HEY YOU!

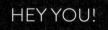

Basket Ouh & Yes

Ganchillo 4,5 mm. **Hilo** Mel de Presencia Hilaturas. 3 ovillos marrones 541. Para los dos. **Tamaño** Alto: 27 cm sin doblez y 18 cm con doblez. Fondo: 13 cm. Largo: 24 cm

——— "Uno cuando busca sólo encuentra lo que está preparado para encontrar, lo que no se medita ni se ve ni se entiende, por ende no se encuentra nunca" ———

Monta 145 cadenetas. Procura que la hilera te quede al derecho y ciérrala con 1 p.r.

v 1. Monta 3 cad. al aire y tejer un total de 145 p.a. alrededor de toda la vuelta. Cierra la vuelta con un p.r. introduciendo la aguja por la tercera cad. que tejimos del primer punto alto de la vuelta.

Teje 33 vueltas más en p.a., remata la hebra por el interior del cesto con ayuda de una aguja lanera.

Utiliza una aguja lanera enhebrada en marrón para coser el bajo introduciendo aguja por un punto y el de enfrente, en zigzag hasta terminar, remata y corta la hebra.

Para montar la base sigue los dos primeros pasos del proyecto Natural Woman Bag (pág 64) pero midiendo desde cada lateral 6 cm hacia dentro.

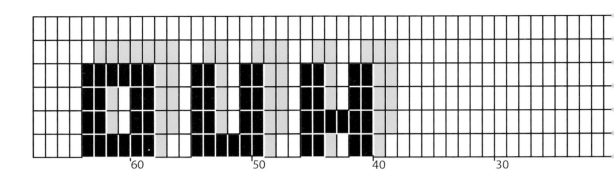

La banda "OUH" se teje con hilo Cotton Nature crudo de Hilaturas LM. Montar 71 cad. Trabaja en ida y vuelta.

v 1. Introduce la aguja por la cuarta cad. para comenzar tejiendo el primer punto alto en crudo, introduce la hebra negra y amarilla bajo los puntos que vamos a trabajar, de manera que a medida que vamos avanzando, las hebras vayan siempre escondidas bajo los puntos. Teje 38 p.a. en crudo y en el último paso del siguiente punto, da una lazada en color amarillo. Ya tenemos el nuevo color en la aguja. Trabaja 1 p.a. en amarillo y en el último paso de dicho punto, da una lazada en negro y termina el punto. Teje 1 p.a. en negro y en el siguiente p.a. cambia a crudo. Trabaja 1 p.a. en crudo y antes de terminar el punto da la última lazada en amarillo.

Trabaja 1 p.a. en amarillo y en el último paso da una lazada en negro. Trabaja 1 p.a. en negro y cambia a blanco en el segundo punto alto en negro.
Sigue el gráfico hasta terminar la primera vuelta. Una vez tejido el punto 68 en crudo, teje una cad. al aire y gira la labor de modo que comencemos la siguiente vuelta en sentido contrario.

v 2. Teje 2 cad. al aire, antes de tejer el siguiente punto recuerda subir las dos hebras y llevarlas debajo de los puntos altos que vamos a trabajar. Teje 3 p.a. en crudo y en el siguiente punto alto cambia a negro.
La vuelta número 6 téjela entera en p.a. llevando las otras dos hebras escondidas. Remata el hilo por el revés y corta la hebra.

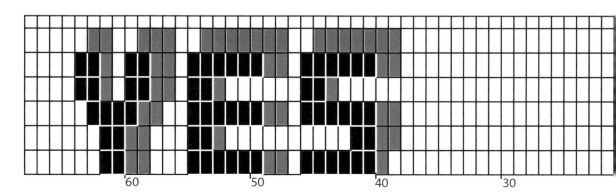

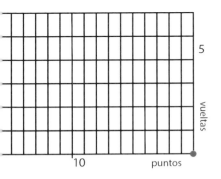

5

vueltas

10   puntos

Banda "OUH"

Ganchillo 3 mm **Hilo** Cotton Nature 3,5 de Hilaturas LM.
1 ovillo de 50 gr amarillo 4128. 1 ovillo negro 437. 1 ovillo crudo 4099.
Te encantará trabajar este material tan suave, los colores de Cotton Nature representan muy bien los diseños de Poetryarn, vivos y luminosos, también encontrarás tonos pastel.
Tamaño Largo 25 cm. Ancho: 5 cm.

La banda "YES" se teje exactamente igual que la banda "OUH", trabájala con tres hebras. Mientras tejes con una las otras guárdalas bajo los puntos trabajados.

Coser las bandas al cesto Antes de colocar la banda, haz una doblez a los cestos por la parte de arriba hacia fuera, unas 9 vueltas hacia abajo.

Coloca la banda a unos 5 cm del lateral, de modo que las letras queden hacia fuera y la parte en crudo hacia dentro. Una vez tengas las dos partes a la misma altura utiliza una aguja de punta redonda enhebrada en hilo crudo para coser la banda al cesto. Da varias puntadas pasando la aguja por los tres tejidos juntos.

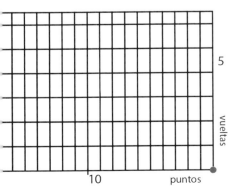

5

vueltas

10   puntos

Banda "YES"

Ganchillo 3 mm **Hilo** CottonNature 3,5 de Hilaturas LM. 1 ovillo de 50 gr fucsia 4108. 1 ovillo negro 437. 1 ovillo crudo 4099
Tamaño Largo 25 cm. Ancho: 5 cm

Bubble Bag

Ganchillo 2 mm. **Hilo** 1 ovillo de algodón malva 0745 RustiFinca. 3 ovillos Kapel de 50 gr en azul 3822. Todos de Presencia Hilaturas. **Tamaño** Bolsa de arriba. Ancho: 30 cm. Alto: 10 cm. Bolsa de abajo. Ancho: 30 cm. Alto: 25 cm. **Otros** 2 cremalleras malvas de 30 cm. 2,5 metros de asa de algodón de mochila en color azul por 2,5 cm de ancho.

Vivir

Ella siempre me lo decía:

1. Las cosas malas vienen solas.

2. Trata de hacer todo lo que esté en tu mano.

3. No creas en el destino, cree en ti misma.

4. La suerte no existe por si sola, la suerte se trabaja, entonces la conocerás.

5. En la predisposición está el cambio.

6. Permítete hacer solo lo que verdaderamente quieras.

7. Si quieres ver algo diferente, mira diferente.

8. Si algún día te lastimas, perdónate.

9. Vivir es una promesa que nos hacemos a nosotros mismos. Ten fe. Prométete a ti misma la vida.

Y la mejor: 10. Vivir es un estado de ánimo. Que comprende todas las demás. Nunca lo olvides.

La bolsa Bubble bag es perfecta para llevar muchas pertenencias. La parte de arriba está pensada para los pequeños objetos como el monedero, el móvil, las llaves y en la de abajo puedes guardar cómodamente libros, cuadernos, bobinas o lo que necesites.

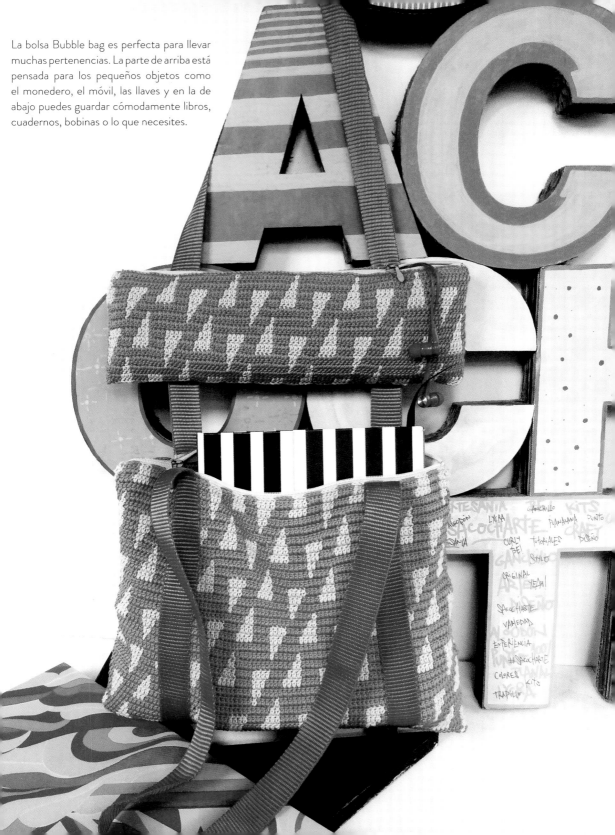

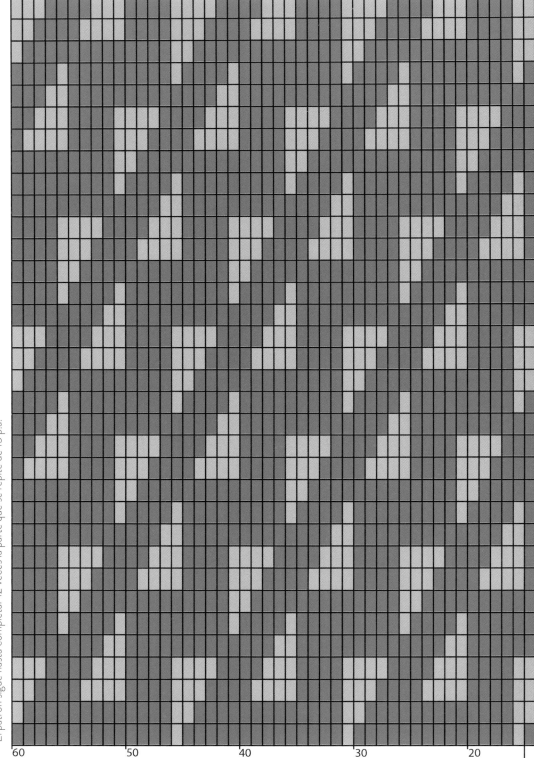

El patrón sigue hasta completar 12 veces la parte que se repite de 15 p.a.

La parte que se repite del patrón tiene 15 p.a.

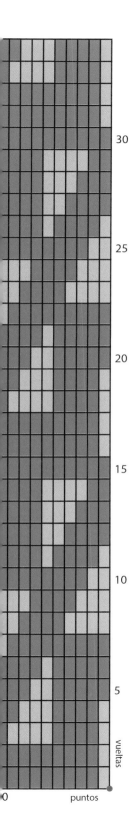

30

25

20

15

10

5

vueltas

0   puntos

Bolsa Inferior

En color azul montar 180 cad. Procura que no estén torcidas y cierra la hilera de cad. en un anillo con un p.r. lo que te permitirá trabajar en tubo.

v 1. Introduce el hilo malva tejiendo 3 cad. al aire. Cambia a azul dando una lazada en el último paso del primer p.a. en malva. Mantén el hilo malva escondido bajo los p.a. en azul. Teje 13 p.a. en azul y en el catorceavo p.a. cambia a malva. Trabaja 1 p.a. en malva y en ese mismo punto cambia a azul en la última lazada antes de cerrar el punto. Vuelve a tejer 13 p.a. en azul y cambia a malva en el siguiente punto. Vuelve a tejer 1 p.a. en malva y cambia a azul en el último paso de dicho punto. Teje 13 p.a. en azul manteniendo el hilo morada bajo los puntos, y cambia a malva en el último paso del siguiente punto.

La parte de 15 p.a. que se repite en el patrón, téjela 12 veces alrededor de la primera vuelta.
Cierra la vuelta con un p.r. introduciendo la aguja en la tercera cad. del primer p.a. que tejimos en la primera vuelta, con lazada en malva.

v 2. Monta 3 cad. al aire con malva y cambia a azul en el último paso del primer p.a. en malva. Teje 12 p.a. en azul y da una lazada en malva en el último paso del siguiente p.a. en azul.
Sigue el gráfico hasta completar un total de 34 vueltas de altura. Remata los hilos por el interior de la labor y recorta la hebra sobrante.

Bolsa Superior

Repite el mismo proceso de la bolsa inferior hasta la vuelta 13.

Remata y corta los hilos.

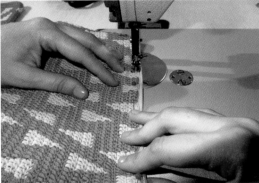

1. Enhebra una aguja en azul, introdúcela por un punto de un lado y el de enfrente, saca el hilo y pasa la hebra por arriba de forma circular y vuelve a repetir hasta terminar de cerrar.

2. Coloca la cremallera por la parte interior de la apertura de cada bolsa, sujétala con alfileres por la parte exterior. Cose la cremallera a mano o máquina con pequeñas puntadas.

3. Une ambos lados de la cinta de mochila, de modo que nos quede una tira circular completamente unida. Coloca ambas bolsas sobre la mesa y separa una de la otra 6 cm aprox. Pon la cinta sobre la bolsa en ambos lados y agárrala con ayuda de unos alfileres a unos 5 cm de los extremos, de modo que la cinta se coloque desde la esquina inferior izquierda, y pase hacia arriba por las dos bolsas. Haz que la cinta siga el camino hacia la derecha formando el asa y vuelva a bajar paralela al lado izquiero, a otros 5 cm del lado derecho. Sujeta todo muy bien con alfileres y dale la vuelta para ver el otro lado. Vuelve a repetir la misma operación, esta vez sujetando las asas sólo a la bolsa grande. Así podremos abrir con mayor facilidad nuestras bolsas, ya que el asa podrá bajarse por este lado dejando libre las dos cremalleras.

4. Cose el asa a mano o a máquina con pequeñas puntadas.

Cojín Flecha M & L

Ganchillo 3,5 mm. **Hilo** 1 cono Cotton Nature 3,5 negro 437. 1 cono Cotton Nature 3,5 celeste 4106. 1 cono Cotton Nature 3,5 beige 4095. 1 cono Cotton Nature 3,5 blanco 50. Todos de Hilaturas LM. Para los dos cojines. **Tamaño** Cojín flecha M Largo: 40 cm. Ancho 15-24 cm. Cojín flecha L Largo: 58 cm. Ancho 15-30 cm. **Otros** Relleno de cojín. Aguja lanera.

"De algún modo un artista ya ha estado en todas partes, salir de viaje es en el fondo un recuerdo.

Éste visiona las calles por las que nunca ha estado, como si pudiera mantener un vínculo de conexiones misteriosas y percibir ciertamente cada esquina, de modo que cuando pasa por primera vez, él ya pasea con la visión regeneradora del cambio, es entonces cuando se crea el vacío, porque el verdadero lenguaje del artista empieza creando un vacío.

Aquí comienza su construcción, la del espacio, la de él mismo, siendo para entonces la única persona en el mundo que puede modificar la memoria de las cosas.

Que así sea"

Está formada por dos partes iguales, una en color beige y otra a rayas blancas y negras. Ambas bordeadas en punto bajo y cosidas con aguja lanera. Primero tejeremos el triángulo superior, es decir, la punta de flecha y luego el cuerpo rectangular.

v **1.** Con Cotton Nature beige montar 35 cad.
y tejer 34 p.b. Trabajar 1 cad. al aire y girar.
v **2.** 1pb, dis, 29 pb, dis, cad, girar (32)
v **3.** 32 pb, cad, girar (32)
v **4.** 1 pb, dis, 27 pb, dis, cad, girar (30)
v **5.** 30 pb, cad, girar (30)
v **6.** 1 pb, dis, 25 pb, dis, cad, girar (28)
v **7.** 28 pb, cad, girar (28)
v **8.** 1 pb, dis, 23 pb, dis, cad, girar (26)
v **9.** 26 pb, cad, girar (26)
v **10.** 1 pb, dis, 21 pb, dis, cad, girar (24)
v **11.** 24 pb, cad, girar (24)
v **12.** 1 pb, dis, 19 pb, dis, cad, girar (22)
v **13.** 22 pb, cad, girar (22)
v **14.** 1 pb, dis, 17 pb, dis, cad, girar (20)
v **15.** 20 pb, cad, girar (20)
v **16.** 1 pb, dis, 15 pb, dis, cad, girar (18)
v **17.** 18 pb, cad, girar (18)

v **18.** 1 pb, dis, 13 pb, dis, cad, girar (16)
v **19.** 16 pb, cad, girar (16)
v **20.** 1 pb, dis, 11 pb, dis, cad, girar (14)
v **21.** 14 pb, cad, girar (14)
v **22.** 1pb, dis, 9 pb, dis, cad, girar (12)
v **23.** 12 pb, cad, girar (12)
v **24.** 1 pb, dis, 7 pb, dis, cad, girar (10)
v **25.** 10 pb, cad, girar (10)
v **26.** 1 pb, dis, 5 pb, dis, cad, girar (8)
v **27.** 8pb, cad, girar (8)
v **28.** 1 pb, dis, 3 pb, dis, cad, girar (6)
v **29.** 6 pb, cad, girar (6)
v **30.** 1 pb, dis, 1 pb, dis, cad, girar (4)
v **31.** 4 pb, cad, girar (4)
v **32.** 1 pb, dis, 1 pb (3)
v **33.** 3 pb, cad, girar (3)
v **34.** 1 pb, dis, cad, girar (2)
v **35.** dis (1) Remata escondiendo el hilo por el interior y corta.

Para tejer el cuerpo de la flecha, sitúa el triángulo de modo que quede el lado de las 35 cad. en una línea horizontal ante tus ojos y uno de los picos hacia abajo.
En la fila de las 35 cad. deja 7 cad. de cada lado sin tejer. Comienza a trabajar en la octava cad. teje 20 p.b. en color beige, haz una cad. al aire y gira la labor para seguir en sentido contrario. Así hasta completar 39 vueltas en pb. No cortes el hilo.

Bordea toda la flecha en p.b. Haz en cada esquina un aumento para que no quede tirante el giro. Remata y corta el hilo.
Montaje de la segunda cara. Vamos a trabajar filas beiges y negras. Con el hilo beige monta 35 cad. y teje sobre estas 34 p.b. haz una cad. al aire y gira la labor. Tendrás que cambiar de color cada dos vueltas o lo que es lo mismo las vueltas número 2, 5, 6, 9, 10 , 13, 14, 17, 18, 21, 22, 25, 26, 29, 30, 33 y 34 van en beige y las vueltas 3, 4, 7, 8, 11, 12, 15, 16, 19, 20, 23, 24, 27, 28, 31 y 33 en negras.

Cuando cambies de color, deja el hilo con el que no trabajes en espera, es decir no lo escondas, espera a terminar las dos vueltas y cambia de color. Remata y corta.

Para tejer el cuerpo de la flecha rayada sigue las indicaciones anteriores del cuerpo beige, comienza con hilo negro y cambia a beige cada dos vueltas hasta completar un total de 39 filas.

Con hilo negro bordea en p.b. toda la flecha.

Montaje. Enhebra una aguja lanera con hilo negro, monta una pieza sobre la otra con la parte del derecho hacia fuera y cóselas como indica el paso a paso de costura de las instrucciones de puntos. Deja un hueco sin coser para rellenar.

Relleno: Introduce relleno de cojín hasta que quede firme, termina de coser y remata.

Se teje igual que el Cojín Flecha M, la única diferencia es que en esta flecha el cuerpo rectangular termina en dos pequeños picos.

v 1. Con hilo Cotton Nature celeste monta 45 cad. y teje 44 p.b. 1 cad. al aire y gira la labor para trabajar en sentido contrario. Sigue tejiendo las 44 filas siguientes.
v 2. 1 pb, dis, 39 pb, dis, cad, girar (42)
v 3. 42 pb, cad, girar (42)
v 4. 1 pb, dis, 37 pb, dis, cad, girar (40)
v 5. 40 pb, cad, girar (40)
v 6. 1 pb, dis, 35 pb, dis, cad, girar (38)
v 7. 38 pb, cad, girar (38)
v 8. 1 pb, dis, 33 pb, dis, cad, girar (36)
v 9. 36 pb, cad, girar (36)
v 10. 1 pb, dis, 31 pb, dis, cad, girar (34)
v 11. 34 pb, cad, girar (34)
v 12. 1 pb, dis, 29 pb, dis, cad, girar (32)
v 13. 32 pb, cad, girar (32)
v 14. 1 pb, dis, 27 pb, dis, cad, girar (30)
v 15. 30 pb, cad, girar (30)
v 16. 1pb, dis, 25 pb, dis, cad, girar (28)
v 17. 28 pb, cad, girar (28)
v 18. 1 pb, dis, 23 pb, dis, cad, girar (26)
v 19. 26 pb, cad, girar (26)
v 20. 1 pb, dis, 21 pb, dis, cad, girar (24)
v 21. 24 pb, cad, girar (24)

v 22. 1 pb, dis, 19 pb, dis, cad, girar (22)
v 23. 22 pb, cad, girar (22)
v 24. 1 pb, dis, 17 pb, dis, cad, girar (10)
v 25. 20 pb, cad, girar (20)
v 26. 1 pb, dis, 15 pb, dis, cad, girar (18)
v 27. 18 pb, cad, girar (18)
v 28. 1 pb, dis, 13 pb, dis, cad, girar (16)
v 29. 16 pb, cad, girar (16)
v 30. 1 pb, dis, 11 pb, dis, cad, girar (14)
v 31. 14 pb, cad, girar (14)
v 32. 1 pb, dis, 9 pb, dis, cad, girar (12)
v 33. 12 pb, cad, girar (12)
v 34. 1 pb, dis, 7 pb, dis, cad, girar (10)
v 35. 10 pb, cad, girar (10)
v 36. 1 pb, dis, 5 pb, dis, cad, girar (8)
v 37. 8 pb, cad, girar (8)
v 38. 1 pb, dis, 3 pb, dis, cad, girar (6)
v 39. 6 pb, cad, girar (6)
v 40. 1 pb, dis, 1 pb, dis, cad, girar (4)
v 41. 4 pb, cad, girar (4)
v 42. 1 pb, dis, 1 pb, cad, girar (3)
v 43. 3 pb, cad, girar (3)
v 44. 1 pb, dis (2) Rematar y cortar.

Para seguir tejiendo el cuerpo, sitúa el triángulo con la fila de las 45 cad. en horizontal con un pico hacia abajo, vamos a tejer sobre la fila de cad.

v 1. Salta de cada lado 10 cad. comienza sobre la 11 un total de 24 p.b. teje 1 cad. al aire, y gira para seguir trabajando en sentido contrario.
v 2. 24 pb, cad, girar (24)
v 3. 24 pb, cad, girar (24)
v 4. 1 pb, aum, 20 pb, aum, 1 pb, cad, girar (26)
v 5. 26 pb, cad, girar (26)
v 6. 26 pb, cad, girar (26)
v 7. 26 pb, cad, girar (26)
v 8. 26 pb, cad, girar (26)
v 9. 1 pb, aum, 22 pb, aum, 1 pb, cad, girar (28)
v 10. 28 pb, cad, girar (28)
v 11. 28 pb, cad, girar (28)
v 12. 28 pb, cad, girar (28)
v 1 3. 28 pb, cad, girar (28)
v 14. 28 pb, cad, girar (28)
v 15. 1 pb, aum, 24 pb, aum, 1 pb, cad, girar (30)
v 16. 30 pb, cad, girar (30)
v 17. 30 pb, cad, girar (30)
v 18. 30 pb, cad, girar (30)
v 19. 30 pb, cad, girar (30)
v 20. 30 pb, cad, girar (30)
v 21. 30 pb, cad, girar (30)
v 22. 1 pb, aum, 26 pb, aum, 1 pb, cad, girar (32)

v 23. 32 pb, cad, girar (32)
v 24. 32 pb, cad, girar (32)
v 25. 32 pb, cad, girar (32)
v 26. 32 pb, cad, girar (32)
v 27. 32 pb, cad, girar (32)
v 28. 32 pb, cad, girar (32)
v 29. 32 pb, cad, girar (32)
v 30. 1pb, aum, 28 pb, aum, 1pb, cad, girar (34)
v 31. 34 pb, cad, girar (34)
v 32. 34 pb, cad, girar (34)
v 33. 34 pb, cad, girar (34)
v 34. 34 pb, cad, girar (34)
v 35. 34 pb, cad, girar (34)
v 26. 34 pb, cad, girar (34)
v 37. 34 pb, cad, girar (34)
v 38. 34 pb, cad, girar (34)
v 39. 1pb, aum, 30 pb, aum, 1 pb, cad, girar (36)
v 40. 36 pb, cad, girar (26)
v 41. 36 pb, cad, girar (36)
v 42. 1 pb, aum, 32 pb, aum, 1 pb, cad, girar (38)
v 43. 38 pb, cad, girar (38)
v 44. 38 pb, cad, girar (38)
v 45. 1 pb, aum, 34 pb, aum, 1 pb, cad, girar (40)
v 46. 40 pb, cad, girar (40) Rematar y cortar.

Picos. Dividir los 40 p.b. de la última fila en dos partes iguales de 20 puntos cada una. Teje un pico en cada lado. De la mitad hacia fuera siguiendo este patrón.

v 1. 1 pb, dis, 17 pb, cad, girar (19)
v 2. 1 pb, aum, 13 pb, 1 punto raso, cad, girar (17)
v 3. Disminución con punto raso, 2 puntos rasos, 13 pb, cad, girar (16)
v 4. 10 pb, 1 punto raso, cad, girar (11)
v 5. dis con punto raso, 2 puntos rasos, 5 pb, aum, 1 pb, cad, girar (11)
v 6. 5 pb, 1 punto raso (6) Rematar y cortar.

Bordear la pieza con una vuelta de p.b. Haz un aumento en cada esquina.

Segunda parte de filas blancas y negras. Teje primero el triángulo, comenzando en color negro. Montar 45 cad. y seguir el patrón del triangulo en celeste. Cada dos vueltas cambia de color, deja el hilo con el que no estés trabajando en espera, hasta tejer dos vueltas del mismo color. Remata el hilo y corta.

Cuerpo rectangular, trabajar sobre la fila de las 45 cad. Siguiendo el patrón del cuerpo celeste, cambia de color cada dos vueltas.

Los dos picos pequeños de la flecha los tejeremos en negro enteros, siguiendo el patrón de los picos celestes.

Bordea la pieza en p.b. en color negro. Remata y corta los hilos.

Montaje y relleno. Sigue las instrucciones del cojín M.

Cushion Flash

Ganchillo 3,5 - 4 mm. **Hilo** 2 conos XL Cotton Nature algodón de Hilaturas LM blanco 50. 2 conos XL Cotton Nature algodón de Hilaturas LM negro 437. **Tamaño** Ancho: 40 cm. Alto: 40 cm. **Otros** 1 cremallera blanca de 40 cm.

"Sé valiente, hazte corredor de salto de valla, en la vida los obstáculos, son mero deporte. DISFRUTA EL CAMINO"

Llevo muchos años dedicada a diseñar patrones de crochet, sin embargo no fue hasta el momento de crear este patrón de rayos donde mi técnica cambió de nivel, en ese instante supe que comenzaba Poetryarn. En la vida siempre hay una chispa, una gota, una decisión, una palabra, una imagen, un acontecimiento que hace mecha y nos conduce a algo nuevo, que nos diferencia del antes. Siempre hay un paso que cruza la línea y cuando lo hacemos, miramos desde el otro lado sabiendo con certeza que algo ha comenzado y cambiado para siempre. Sin duda este es uno de los patrones que más quiero compartir contigo, espero que lo disfrutes.

Con hilo blanco montar 144 cad. cerrar en anillo procurando que esté derecha nuestra hilera de cadenetas, con un p.r.

v 1. Monta 3 cad. al aire, que corresponderán a la altura del p.a. con el que vamos a trabajar. En el cuarto p.a. en blanco, da la última lazada en negro para cambiar de color. Trabaja 9 p.a. en negro y cambia a blanco en el décimo punto. Teje 7 p.a. en blanco y vuelve a cambiar a negro en el octavo p.a. en blanco. Trabaja de nuevo 9 p.a. en negro y cambia a blanco en el siguiente punto. Teje 7 p.a. en blanco y cambia a negro en el octavo punto, sigue el patrón hasta terminar la vuelta.

La parte de 18 p.a. que se repite en el patrón, trabájala 8 veces alrededor de cada una de las vueltas. Cierra con 1 p.r. introduciendo la aguja por la tercera cad. de nuestro primer punto que tejimos en la primera vuelta con lazada en color blanco.

1. Con hilo blanco y una aguja lanera cose el bajo del cojín. Cose la base siguiendo las instrucciones de cosido del apartado "puntos".

v 2. Teje 3 cad. al aire. y trabaja 4 p.a. en blanco, cambiando a negro en el último paso del quinto p.a. sigue tejiendo como indica el diagrama. El cojín tiene de alto un total de 35 vueltas. Remata los hilos con ayuda de una aguja lanera por el interior del cojín y corta la hebra.

2. Con la cremallera por la parte interior del cojín, agarrada con alfileres, cósela justo por debajo de los dientes de la cremallera, este material es muy resistente, por lo que a máquina te resultará más fácil.

Nota: Antes de comenzar cada vuelta, debes fijarte en qué color empieza la siguiente, de ese color debe ser la última lazada del último punto de la vuelta tejida.

El patrón sigue hasta completar 8 veces la parte que se repite de 18 p.a. que se repite.

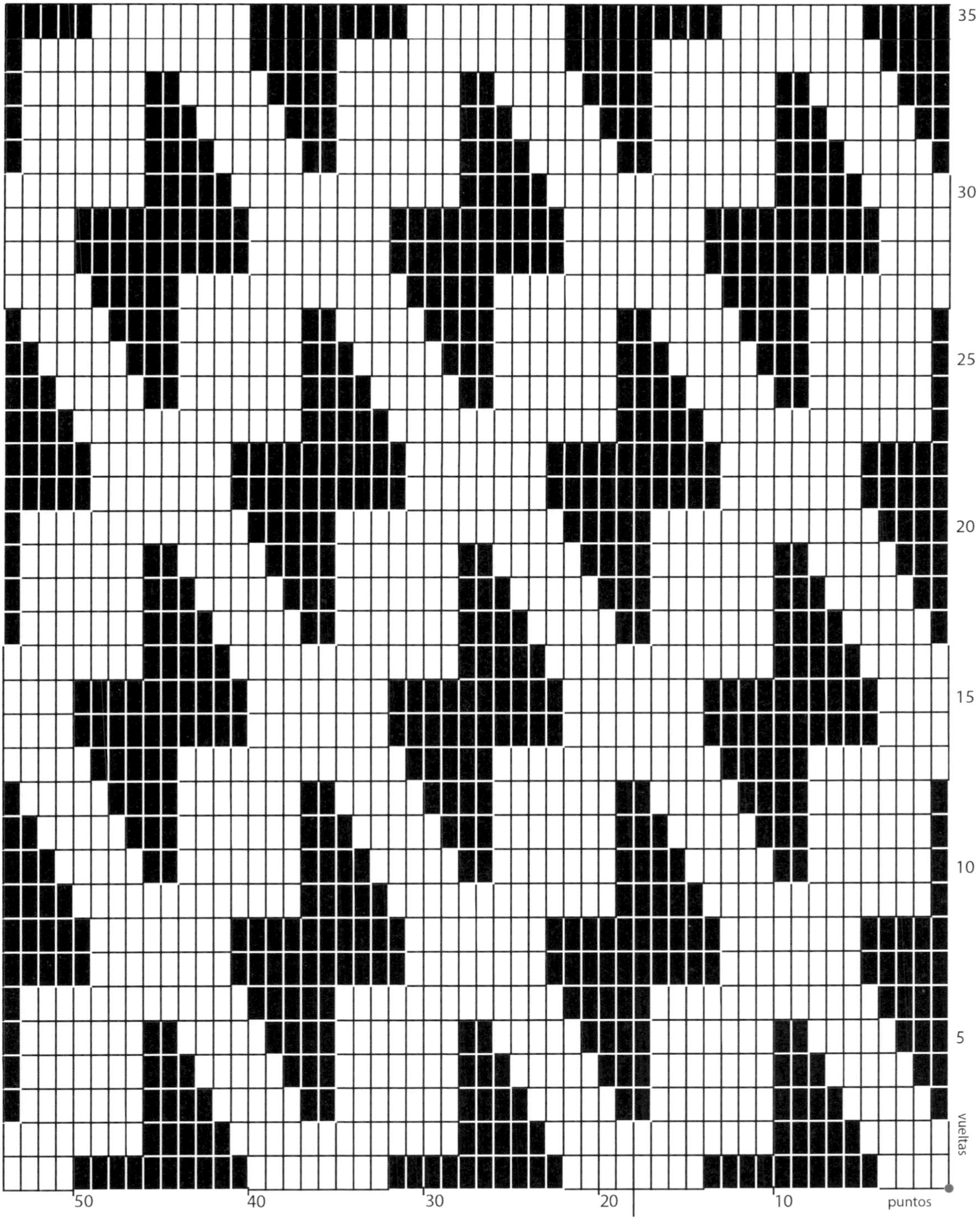

35

30

25

20

15

10

5

vueltas

50   40   30   20   10   puntos

La parte que se repite del patrón tiene 18 p.a.

43

Fish Bag

Ganchillo 10 mm. **Hilo** 1 bobina de cuerda morada de 1,5 mm. **Tamaño** Abierta es un cuadrado de 50 cm x 50 cm.

Sin duda la bolsa Fish Bag es muy útil. Se abre por completo como un cuadrado para meter tus objetos cómodamente. La cuerda es un material muy resistente por lo que esta bolsa será un complemento indispensable para todo aquello que no resistan otras bolsas.

v 1. Monta 33 cad. teje 6 cad. al aire, introduce la aguja en la séptima cad. y trabaja 1 p.b. Monta 3 cad. al aire. Salta dos cad. base y en el siguiente punto teje 1 p.b. Repetir [3 cad. saltar 2 cad. base, 1 p.b.] hasta finalizar la vuelta.
v 2. Monta 6 cad. teje 1 p.b. en la mitad del arco base. Monta 3 cad. al aire y teje 1 p.b. en la mitad del arco base. Vuelve a montar 3 cad. y vuelve a tejer 1 p.b. en la mitad del arco base. Trabaja [3 cad. 1 p.b. en medio del arco base] hasta terminar la vuelta. Girar. De la vuelta 3 a la 21 trabájalas igual que la vuelta 2.
v 22. Trabaja dentro del arco de la esquina 1 p.b. Teje 5 cad. y vuelve a pinchar en el mismo arco para tejer 1 p.b. Monta 3 cad. y en el siguiente arco haz 1 p.b. sobre él, en medio del arco. Repetir 3 cad. y un punto bajo en medio del arco base hasta llegar a la siguiente esquina.
En la esquina 2, volver a tejer 1 p.b. 5 cad. al aire y 1 p.b. en el mismo punto. Luego vuelve a montar 3 cad. al aire y tejer 1 p.b. en el arco base hasta llegar a la siguiente esquina. Haz lo mismo hasta completar la primera vuelta.
v 23. Tejer igual que la vuelta 22.

Cordón de cierre: Utiliza cuerda, mide los 4 lados de la labor y súmale a la medida resultante 5 cm más. Corta dos hebras con dicha medida.
Extiende la bolsa de modo que quede completamente recta sobre una superficie plana para que puedas ver bien los arcos tejidos. Comenzando por una de las esquinas y con ayuda de una aguja lanera, mete una de las hebras por arriba y luego por abajo, de arco en arco, uno si uno no, hasta llegar de nuevo a la misma esquina, anuda los dos extremos entre sí de la misma cuerda.

Toma la otra cuerda y desde el extremo opuesto, haz exactamente lo mismo hasta dar la vuelta completa. Anuda las puntas.
Ya está lista la Fish Bag, solo tienes que tirar de ambos extremos para cerrar la bolsa.

Alfombra Vivir

Ganchillo 6 mm. **Hilo** Lana 100 % de Pontelana, teñidas y ovilladas a mano. 5 madejas blancas (se les llama blancas, pero realmente, es la lana sin teñir) 2 verdes y 1 amarilla. **Tamaño** Ancho: 120 cm. Alto: 80 cm con los flecos.

Diseñé esta alfombra con una de las frases de Lionné Evoloné, "Vivir es un estado de ánimo" sin duda. La lana de Pontelana es realmente suave por lo que estoy segura que te encantará cuando pongas tus pies descalzos sobre ella. Este material es muy cómodo de tejer, sólo necesitas algo de concentración y en dos tardes tendrás el proyecto terminado.

Con hebra blanca montar 149 cad. más 3 cad. de altura, para empezar a tejer en p.a.
v 1. Introduce la aguja en la cuarta cad. para tejer el primer p.a. y completa hasta 149 p.a. en blanco sin introducir hebras.
Al finalizar la vuelta, teje 3 cad. al aire y gira la labor para seguir trabajando en sentido contrario. Trabaja 5 vueltas más en blanco con p.a., gira y sigue trabajando en sentido contrario.
v 7. Teje 23 p.a. en color blanco e introduce la hebra verde en el 24° p.a. en blanco en la última lazada. Ya tenemos el nuevo color en la aguja. A partir de aquí esconde la hebra blanca bajo los puntos en verde mientras trabajas con dicho color y viceversa.
Con hilo verde teje 8 p.a. y en el siguiente punto cambia a blanco. Trabaja 3 p.a. en blanco y en el último paso del siguiente punto cambia a verde. Vuelve a tejer 4 p.a. en verde y cambiar a blanco en el último paso del siguiente punto.
Sigue tejiendo como indica el gráfico. En el p.a. 126 que será el último que tejeremos en verde en esta fila, no esconder la hebra bajo los puntos blancos, dejarla a un lado, para recogerla luego en la siguiente vuelta, sigue tejiendo con blanco hasta finalizar la vuelta. Teje 3 cad. al aire y gira.
v 8. Ahora debes mirar el gráfico de izquierda a derecha (si eres diestra, o de derecha a izquierda si eres zurda). Teje 20 p.a. en blanco y en el último paso del punto 21 recoge la hebra verde para volver a trabajar con ella, da una lazada en verde. Ya tenemos el nuevo color en la aguja. (Estamos en la letra "d"). Teje 12 p.a. en verde y en el siguiente punto cambia a blanco. Teje 1 p.a. en blanco y vuelve a cambiar a verde en el segundo punto. Termina de tejer la vuelta como indica el gráfico y en el último punto donde tejemos con verde de dicha vuelta, vuelve a dejar la hebra verde fuera para terminar de tejer la vuelta en blanco. Trabaja 3 cad. al aire y gira. Sigue el gráfico.
v 11. Corta la hebra verde una vez finalizado el último punto verde. Deja una pequeña hebra para rematar después por el revés.
v 12. Una vez tejidos los 21 p.a. en blanco es el momento de introducir el color amarillo dando la última lazada en el último paso del punto 22. Ya tenemos en la aguja el nuevo color. Sigue trabajando las siguientes vueltas como se indica en el gráfico.
En las filas de los puntos y las comas, lleva el color con el que no trabajes por dentro del blanco. Teje las siguientes dos frases de la misma manera que has tejido "de ánimo".

El patrón tiene un total de 47 vueltas de p.a. A partir de la vuelta 42 incluida, trabaja con blanco sin llevar ninguna hebra por dentro de los p.a.
Remata las hebras por el revés de la lana que hemos ido dejando en los cortes de colores, si es necesario dale unas puntadas con hilo.

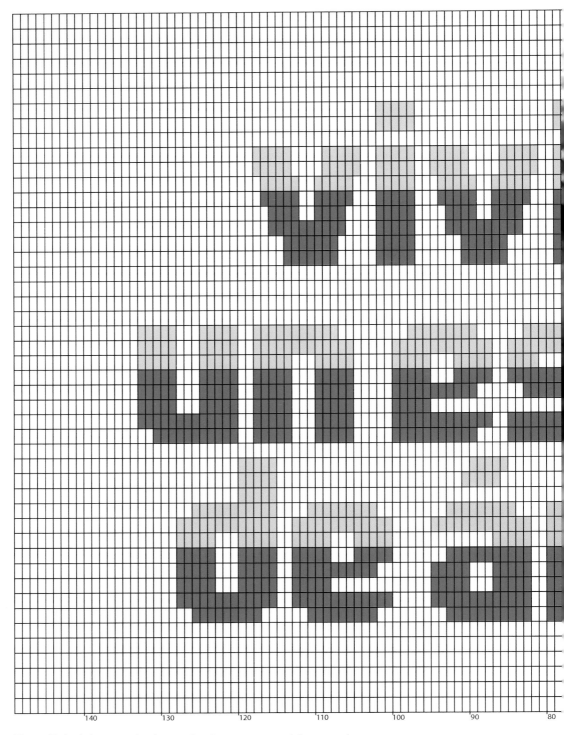

Flecos: Debe habernos sobrado aproximadamente una madeja entera de color blanco, la vamos a utilizar para los flecos.

Corta tiras de unos 10 cm de largo. En cada uno de los puntos o cadenetas de los lados más largos de la alfombra, añade dos tiras juntas, sujetadas con un nudo sencillo de macramé. Esto le dará un toque perfecto.

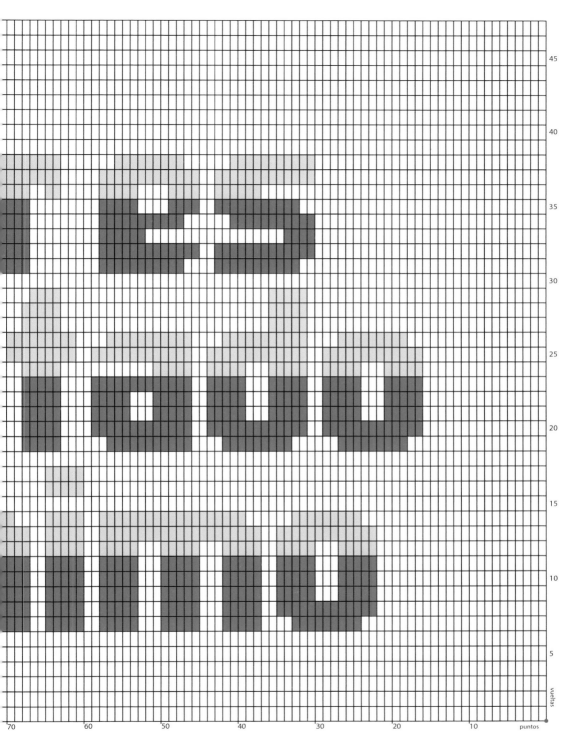

Une las dos tiras, dóblalas a la mitad, introduce la parte de la doblez por el primer punto y sácala un poco por el otro lado, introduce ahora las 4 puntas por dentro de la doblez que hemos sacado y tira. Haz lo mismo en los demás puntos.

Funda de móvil

Ganchillo 2 - 2,5 mm. **Hilo** 1 bobina cuquillo 21 gris perla. 1 bobina cuquillo 11 rosa fucsia. Ambos de Hilaturas LM. **Tamaño** Ancho: 8,5 cm. Alto: 15 cm.

La sorpresa de mi vida

1. Cada vez que la veo se me iluminan los ojos y tengo la certera sensación que yo también soy como ella, y que ella tiene mis rasgos.

2. Pero ella tiene cuatro patitas canela y yo dos piernas blancas, y aunque a simple vista nada tenga sentido, lo cierto es que con ella todo lo tiene y me sobra el mundo.

3. Le hice una canción hace meses que dice "caneli canelita, canelón" y parece que se ríe cuando la escucha, si lo repito tres veces seguidas "a dormí a dormí a dormí" apoya su cabeza en mis piernas. Todas las mañanas amenezco con mi brazo sobre su espalda, porque ella pasa por debajo para ser abrazada.

4. Cuando la acaricio reconozco el ritmo de su aliento en el mío, y me digo "si esto no es amor, que alguien explique lo contrario"

5. El día que llegó a casa escuché una risilla en mi oído, y al mirarle a la cara me guiñó un ojo.

6. La conozco y sé como piensa, quien diga que una cachorra no entiende es que esa persona no comprende que dos seres se alcancen con la mirada. Para reconocerse en mis palabras primero hay que conocerme antes.

7. Somos salvajes, y a pesar de todo, a veces creo que ella puede entender el mundo mejor que yo, porque siempre sonríe.

8. No ha parado de amanecer desde que la tengo, la vida es más bonita cuando ella despierta.

9. Todavía no entiendo como hay personas a las que no se les iluminan los ojos.

Un objeto que utilizamos constantemente requiere una funda resistente. El cuquillo es un material muy interesante, su acabado es muy sedoso, moldeable y firme a la vez, además de ser un material que mantiene el brillo de una forma increíble. Te aseguro que el resultado te sorprenderá.

Antes de comenzar, mide tu móvil, si es más pequeño o más grande, puedes adaptar este patrón a él, añadiendo o quitando una vez o las que necesites, la parte del patrón que se repite de 14 p.a. pero debes tomar estos puntos como una unidad completa, esto te permitirá seguir formando el dibujo.

Teje 56 cad. en color rosa, comprueba que estén derechas y ciérralas en un anillo, con un p.r.
v 1. Teje 3 cad. al aire en color rosa. Introduce el color gris en el último paso del primer punto rosa y trabaja 4 p.a. en gris. Cambia a rosa en el último paso del quinto p.a. en gris. Teje 2 p.a. en rosa y cambia a gris en el siguiente p.a. Trabaja 4 p.a. y vuelve a cambiar a rosa en el siguiente p.a. sigue el diagrama.
La parte del patrón que se repite con 14 p.a. se teje 4 veces alrededor de cada vuelta.
Una vez tejidas, cierra la vuelta con un p.r. introduciendo la aguja por la tercera cad. del primer p.a. que tejimos en la primera vuelta, con lazada en rosa.
El patrón tiene 23 vueltas de altura. Remata los hilos con ayuda de una aguja lanera por el interior de la funda.

Con una aguja lanera enhebrada en gris, cose el bajo de la funda, introduciendo la aguja por un punto de un lado y el de inmediatamente enfrente, saca el hilo y pasa la hebra por arriba de forma circular.

"Qué rápido nos hacemos jóvenes cuando sonreímos"

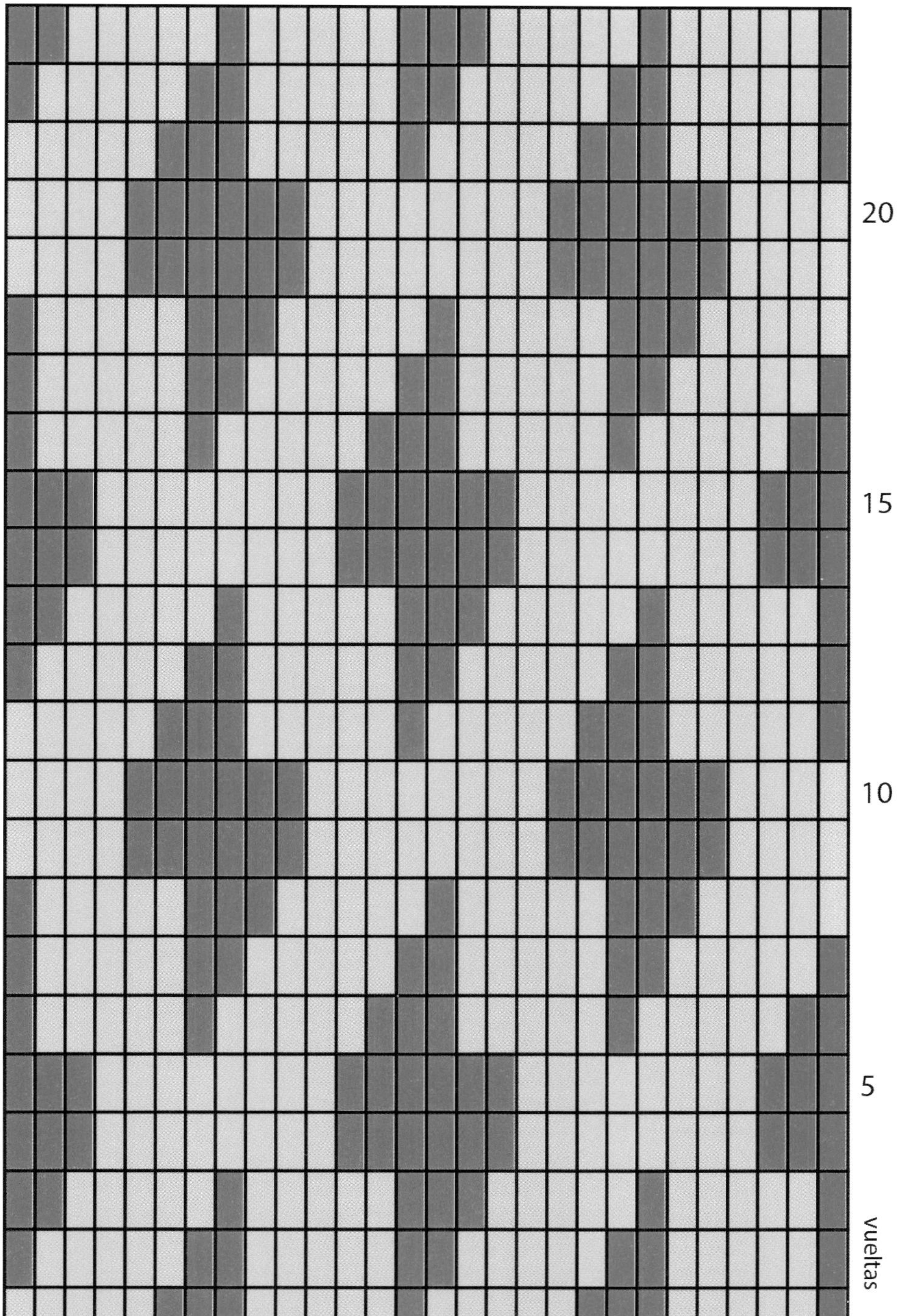

El patrón sigue hasta completar 4 veces la parte de 14 p.a. que se repite.

20

15

10

5

vueltas

20

10

puntos

La parte del patrón que se repite tiene 14 p.a.

Green Basket S. Pink Basket M. Yellow Basket L.

Ganchillo 4,5 mm y 3,5 mm. **Hilo** 1 zepelín Mel de Presencia Hilaturas verde agua 557. 1 zepelín Mel de Presencia Hilaturas rosa 602. 1 zepelín acrílico Mel de Presencia Hilaturas amarillo 555. 2 bobina de yute para agujas del 4,5.-5 mm. El hilo Mel es realmente bonito y resistente, pero la apariencia del yute hace que Mel se suavice, convirtiendo esta mezcla es un mix perfecto para tejidos exteriores o decorativos. **Tamaño** *Green basket S.* Diámetro: 18 cm. Altura: 6 cm. *Pink basket M.* Diámetro: 18 cm. Altura: 7 cm. *Yellow basket L.* Diámetro: 28 cm. Altura: 8 cm

"Ninguna gran idea tuvo en su esbozo, ni tan siquiera la apariencia de razonable"

Los cestos S, M y L están tejidos partiendo de una base hexagonal con yute, trabajando sobre la misma con hilado Mel el interior. Imagina un cesto sobre otro cesto, algo parecido a una bola, donde la parte superior de la bola se empujará hacia el fondo para que quede dentro de la otra mitad. De este modo ambos lados estarán al derecho, lo que hará que sean reversibles.

Green Basket S.

v 1. Con aguja de 4,5 mm y yute teje un anillo mágico de 6 p.b.

v 2. [aum] x 6 (12)

v 3. [aum, 1 p.b.] x 6 (18)

v 4. [aum, 2 p.b.] x 6 (24)

v 5. [aum, 3 p.b.] x 6 (30)

v 6. [aum, 4 p.b.] x 6 (36)

v 7. [aum, 5 p.b.] x 6 (42)

v 8. [aum, 6 p.b.] x 6 (48)

v 9. [aum, 7 p.b.] x 6 (54)

v 10. [aum, 8 p.b.] x 6 (60)

v 11- v 18. 60 p.b. (60) Cierra la vuelta con 1 p.r. con ayuda de una aguja lanera remata el yute por el interior del cesto y corta la hebra. Hasta aquí tenemos la mitad del cesto.

Para la segunda parte utiliza la aguja del 3,5 mm e hilatura Mel en verde agua.

Introduce la aguja 3 puntos por delante del p.r. que hemos tejido, echa la hebra en verde agua, recógela con la aguja y sácala por la cad. base. Teje el primer p.b. en ese mismo punto. En el siguiente punto teje un aum. (Es decir, dos puntos en el mismo punto base) y repite 1 p.b. seguido de un aum. hasta completar la primera vuelta en verde agua.

v 20. - v 33. Tejer 90 p.b. en cada vuelta. (90)

v 34. [dis, 13 p.b.] x 6 (84)

v 35. [dis, 12 pb.] x 6 (78)

v 36. [dis, 11 pb.] x 6 (72)

v 37. [dis, 10 pb.] x 6 (66)

v 38. [dis, 9 pb.] x 6 (60)

v 39. [dis, 8 pb.] x 6 (54)

v 40. [dis, 7 pb.] x 6 (48)

v 41. [dis, 6 pb.] x 6 (42)

v 42. [dis, 5 pb.] x 6 (36)

v 43. [dis, 4 pb.] x 6 (30)

v 44. [dis, 3 pb.] x 6 (24)

v 45. [dis, 2 pb.] x 6 (18)

v 46. [dis, 1 pb.] x 6 (12)

v 47. Deja una hebra larga y enhebra una aguja lanera, cierra el círculo con pequeñas puntadas de un punto a otro. Esconde el hilo por el interior. Ahora con las manos empuja el color verde agua hacia el interior del yute y amóldalo suavemente para que tome forma.

Pink Basket M.

Con yute y aguja del 4,5 mm teje las 10 primeras vueltas igual que las del Green Basket.

v 11. [aum, 9 p.b.] x 6 (66)

v 12. [aum, 10 p.b.] x 6 (72)

v 13. [aum, 11 p.b.] x 6 (78)

v 14. [aum, 12 p.b.] x 6 (84)

v 15. [aum, 13 p.b.] x 6 (90)

v 16. - v 23. 90 p.b. cada una (90) Cierra la vuelta con 1 p.r. Remata el yute.

Cambia a la aguja 3,5 mm y utiliza el hilado Mel en rosa.

Introduce la aguja 3 puntos por delante del p.r. echa hebra en rosa, recógela con la aguja y sácala por la cad. base. Teje el primer p.b. en ese mismo punto. En el siguiente punto teje un aumento. Repite 1 p.b. seguido de un aumento hasta finalizar la primera vuelta en rosa.

v 25 - v 37. Tejer 135 p.b. en cada vuelta. (135)

v 38. [dis, 43] x 3 (132)

v 39. [dis, 20 pb.] x 6 (126)

v 40. [dis, 19 pb.] x 6 (120)

v 41. [dis, 18 pb.] x 6 (114)

v 42. [dis, 17 pb.] x 6 (108)

v 43. [dis, 16 pb.] x 6 (102)

v 44. [dis, 15 pb.] x 6 (96)

v 45. [dis, 14 pb.] x 6 (90)

v 46. [dis, 13 pb.] x 6 (84)

v 47. [dis, 12 pb.] x 6 (78)

v 48. [dis, 11 pb.] x 6 (72)

v 49. [dis, 10 pb.] x 6 (66)

v 50. [dis, 9 pb.] x 6 (60)

v 51. [dis, 8 pb.] x 6 (54)

v 52. [dis, 7 pb.] x 6 (48)

v 53. [dis, 6 pb.] x 6 (42)

v 54. [dis, 5 pb.] x 6 (36)

v 55. [dis, 4 pb.] x 6 (30)

v 56. [dis, 3 pb.] x 6 (24)

v 57. [dis, 2 pb.] x 6 (18)

v 58. [dis, 1 pb.] x 6 (12)

v 59. [dis] x 6 (6)

v 60. Deja un trozo de hebra, enhebra una aguja lanera y cierra el círculo con pequeñas puntadas. Empuja la parte de color rosa hacia dentro y dale forma.

Yellow Basket L.

Con yute y aguja del 4,5 mm teje las 15 primeras vueltas igual que las del Pink Basket.

v 16. [aum, 14 p.b.] x 6 (96)

v 17. [aum, 15 p.b.] x 6 (102)

v 18 - v 25. Trabaja 102 p.b. cada una. (102) Cierra la vuelta con 1 p.r. remata el yute por el interior del cesto y corta la hebra. Hemos tejido la mitad de nuestro cesto.

Para la segunda parte utilizaremos hilatura Mel en amarillo. Cambia a la aguja 3,5 mm.

Introduce la aguja 3 puntos por delante del p.r. que hemos tejido, echa la hebra en amarillo, recógela con la aguja y sácala por la cad. base. Teje el primer p.b. en ese mismo punto. En el siguiente punto teje un aumento, y repite 1 p.b. seguido de un aumento hasta finalizar la primera vuelta en rosa.

v 27 - v 40. Teje 153 p.b.en cada vuelta.

v 41. [49 p.b. dis] x 3 (150)

v 42. [dis, 23 pb.] x 6 (144)

v 43. [dis, 22 pb.] x 6 (138)

v 44. [dis, 21 pb.] x 6 (132)

v 45. [dis, 20 pb.] x 6 (126)

v 46. [dis, 19 pb.] x 6 (120)

v 47. [dis, 18 pb.] x 6 (114)

v 48. [dis, 17 pb.] x 6 (108)

v 49. [dis, 16 pb.] x 6 (102)

v 50. [dis, 15 pb.] x 6 (96)

v 51. [dis, 14 pb.] x 6 (90)

v 52. [dis, 13 pb.] x 6 (84)

v 53. [dis, 12 pb.] x 6 (78)

v 54. [dis, 11 pb.] x 6 (72)

v 55. [dis, 10 pb.] x 6 (66)

v 56. [dis, 9 pb.] x 6 (60)

v 57. [dis, 8 pb.] x 6 (54)

v 58. [dis, 7 pb.] x 6 (48)

v 59. [dis, 6 pb.] x 6 (42)

v 60. [dis, 5 pb.] x 6 (36)

v 61. [dis, 4 pb.] x 6 (30)

v 62. [dis, 3 pb.] x 6 (24)

v 63. [dis, 2 pb.] x 6 (18)

v 64. [dis, 1 pb.] x 6 (12)

v 65. [dis] x 6 (6)

v 66. No cortes la hebra, enhebra una aguja lanera y cierra el círculo con pequeñas puntadas. Escóndela por el interior. Empuja la parte tejida en amarillo hacia el fondo y dale forma con las manos.

Key Chain - Llaveros

Ganchillo 1,5 mm. **Hilo** Bobinas de punto de cruz de diferentes colores de DMC. **Tamaño** *Triángulos azules:* Largo: 11cm. Ancho: 3 cm. *Corazones:* Largo: 12 cm. Ancho: 3,5 cm. *Peces:* Largo: 23 cm. Ancho: 3,5 cm. *Oh girl:* Largo: 20 cm. Ancho: 3 cm. *Good luck: Largo:* 12 cm. Ancho: 3 cm. **Otros** Anilla mosquetón de 2,5 mm diámetro.

Me pregunta cómo
Me pregunta cómo lo hago mirándome con sus ojos verdes almendrados, tras esas gafas rojas, en su pálida cara salpicada de pecas. Su paleta partida asoma mientras habla con esa incertidumbre y entusiasmo.
Y yo, mientras me siento en el suelo y coloco mis muestras de crochet, le voy contando...
1. Haz las cosas que salen de dentro.
2. No intentes imitar a nadie.
3. Mantente al margen de esa voz que habla a veces y que cree ser tú.
4. Desecha lo que no ves claro.
5. Confía en tu ritmo, tus posibilidades, tus palpitaciones y tu intuición.
6. Avanza, todos los días.
7. Arriesga, cada vez que puedas.
8. Aprende, y créeme, de todo.
9. Apunta todas tus ideas.
10. Apláudete, no todo son reproches.
11. Ten paciencia.
12. A veces no debes ser tan exigente contigo.
13. Diviértete siempre.
14. Comprende lo que haces y para qué lo haces.
15. Transmite tu mensaje, el momento es ahora.
16. Ten ACTITUD, y aplícale la dosis más grande de naturalidad que puedas, la naturalidad es eso tuyo que haces cuando sonríes porque sí... Ya me entiendes.
...entonces es cuando me miro al espejo y reconozco a esa chica pecosa de gafas rojas.

Llavero Triángulos Azules

Montar 80 cad. al aire en color azul fuerte. Comprueba que están al derecho y ciérralas con un p.r. con lazada azul.

v 1. Monta dos cad. en azul fuerte. Introduce las hebras de azul claro y crudo bajo los p.b. que vamos a trabajar. Teje 80 p.b. en color azul fuerte. Cierra la vuelta con un p.r. introduciendo la aguja por la segunda cad. del primer p.b. que tejimos en la primera vuelta.

v 2. Monta 3 cad. en color azul fuerte y en el cuarto p.a. cambia a azul clarito en la última lazada. Teje un p.a. en azul claro y en la última lazada de ese mismo punto cambia a azul fuerte. Trabaja 6 p.a. en color azul fuerte y cambia a azul claro en el séptimo punto. Vuelve a tejer un p.a. en azul claro y en el último

paso antes de cerrar el punto da una lazada en azul oscuro. Sigue de la misma manera hasta terminar la primera vuelta. La parte de 8 p.a. que se repite del patrón trabájala 10 veces alrededor de cada vuelta.

La última lazada del último p.a. de la quinta vuelta debe hacerse en color blanco. Luego cierra la vuelta con 1 p.r. en blanco. Esto será genial para que quede alineada la siguiente vuelta en blanco.

v 6. Termina esta vuelta tejiendo 80 p.b. alrededor de toda la vuelta manteniendo las dos hebras de azules bajo los puntos que vayas trabajando. Remata las hebras por el interior y corta el hilo restante.

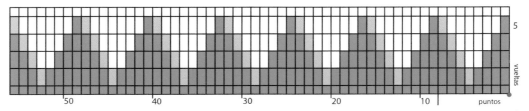

La parte del patrón que se repite tiene 8 p.a.

Llavero de Corazones

Monta 84 cad. en color rosa fuerte y ciérralas en anillo con un p.r.

v 1. Monta 2 cad. al aire y teje 84 p.b. Introduce la hebra de rosa claro bajo los puntos que vamos a tejer.

Al cerrar la vuelta, en el último p.b. de la fila primera, da la última lazada en color rosa claro y cierra la vuelta con un punto raso.

v 2. Monta 2 cad. al aire en rosa claro. Cambia a rosa fuerte en el último paso del primer punto rosa claro.

Trabaja 11 p.a. en rosa fuerte y en el último paso del doceavo p.a. echa lazada rosa claro. Teje 1 p.a. en rosa claro y en el segundo punto cambia a rosa fuerte. Sigue el gráfico. La parte de 14 p.a. que se repite del patrón, trabájala 6 veces alrededor de cada vuelta. Cierra la vuelta con un p.r.

Sigue el patrón hasta completar un total de 4 vueltas más en p.a. y la última vuelta téjela en p.b. en rosa fuerte, mantén la hebra de rosa claro bajo los p.b. que estés trabajando. Remata los hilos.

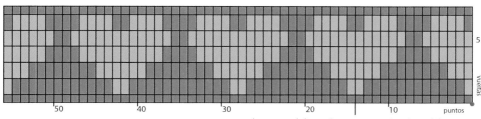

La parte del patrón que se repite tiene 14 p.a.

Llavero Pescados

Monta 144 cad. en amarillo. Ciérralas en anillo procurando que estén al derecho, con un p.r.

v 1. Monta 2 cad. al aire, teje 144 p.b. alrededor de toda la vuelta, introduce el hilo gris y mantenlo bajo los p.b. en amarillo durante toda la vuelta. En el último p.b. amarillo, antes de finalizarlo, da la última lazada en gris, y cierra la vuelta, con un p.r. introduciendo la aguja por la segunda cad. del primer p.b. que tejimos en la primera vuelta, con lazada en gris. De modo que cuando comencemos la siguiente vuelta quede perfectamente alineado el nuevo color.

v 2. Monta 3 cad. al aire. En el último paso del primer punto gris cambia a amarillo. Teje 2 p.a. en amarillo y vuelve a cambiar a gris en la última lazada del tercer p.a. Teje 1 p.a. en gris y cambia a amarillo en el segundo punto. Trabaja 7 p.a. en amarillo y cambia a gris en la última lazada del siguiente punto. Trabaja 4 p.a. en gris y vuelve a cambiar a amarillo en el quinto punto. Sigue el gráfico.

La parte de 18 p.a. que se repite del patrón, trabájala 8 veces alrededor de cada vuelta.

Cierra las vueltas con un p.r. Teje la última vuelta en p.b. Rematar los hilos.

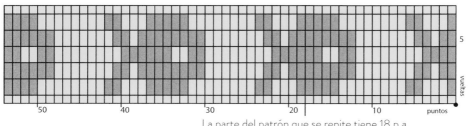

La parte del patrón que se repite tiene 18 p.a.

Llavero Good Luck

Con verde oscuro montar 186 cad. y cerrar en forma de anillo con 1 p.r

v 1. Monta 2 cad al aire. Teje 186 p.b. alrededor de toda la vuelta, introduciendo el verde claro y el crudo bajo los p.b. que vamos trabajando. Cierra la vuelta con un p.r. con lazada en verde oscuro.

v 2. Monta 3 cad. al aire. Recuerda subir las hebras crudas y la verde clara y mantenerlas bajo los p.a. en verde fuerte. Teje 9 p.a. en verde y en el décimo punto cambia a crudo en la última lazada. Teje 1 p.a. en crudo y antes de cerrar el punto, echa una lazada en verde claro para completar el punto.

Trabaja 1 p.a. en verde claro y cambia a verde fuerte en el segundo p.a. teje 1 p.a. en verde fuerte y en el último paso antes de cerrar el punto cambia a crudo. Trabaja 1 p.a. en crudo y da la última lazada de dicho punto en verde claro. Teje 1 p.a. en verde claro y cambia a verde oscuro en el siguiente punto.

Sigue el gráfico hasta tejer los 93 p.a. de una cara. Y repite el mismo proceso hasta terminar la vuelta. Haz lo mismo en cada vuelta siguiente del gráfico. La séptima vuelta téjela en p.b. en color verde fuerte, manteniendo las dos hebras bajo los puntos. Remata y cortar los hilos.

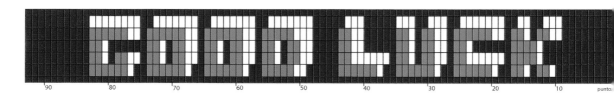

Llavero Oh Girl

Monta 140 cad. al aire en color crudo.

v 1. Trabaja 140 p.b. alrededor de toda la vuelta, introduce el hilo rosa y marrón bajo los p.b. que estés trabajando. Cierra la vuelta con un p.r. introduciendo la aguja por la segunda cad. que tejimos en el primer p.b. de la primera vuelta. Con lazada en crudo.

v 2. Monta 3 cad. al aire en color crudo, llevando las hebras restantes bajo dicho color.

Teje 10 p.a. y en la última lazada del onceavo p.a. cambia de color a rosa. Trabaja 1 p.a. en rosa, antes de terminar el punto, da la última lazada en marrón. Teje 5 p.a. en marrón y en el sexto punto cambia a crudo. Teje 3 p.a. en crudo y en el siguiente punto cambia a rosa.

Sigue el gráfico de la segunda vuelta como se indica hasta llegar a los 70 puntos. La parte de 70 p.a. que se repite téjela 2 veces alrededor de cada vuelta. La última vuelta téjela en p.b.

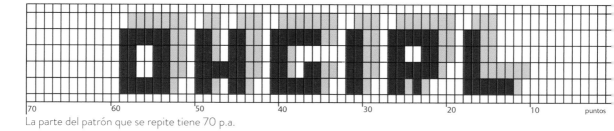

La parte del patrón que se repite tiene 70 p.a.

Natural Woman Bag

Ganchillo 2 mm. **Hilo** RustiFinca de Presencia Hilaturas. 100 % algodón ecológico. 1 bobina blanca 0001. 5 Bobinas azul marino 738. Este hilo es realmente exquisito, muy moldeable y resistente. **Tamaño** Ancho: 42 cm. Alto: 46 cm. **Otros** Cremallera azul de 42 cm. 4 anillas mosquetones de 4 cm de diámetro. 2 tiras de asa de mochila de 70 cm por 3 cm de ancho en azul. 4 tiras del mismo material de 10 cm por 3 cm de ancho en azul.

———"Sé siempre natural, nunca intentes impostar nada, pues al mirarte, lo natural les devuelve a las personas el verdadero lenguaje de la vida"———

La bolsa "Natural Woman" tiene una peculiaridad a la hora de tejerla pues intercala vueltas de p.a. con vueltas de p.b. En el gráfico te será muy sencillo identificar cada vuelta, pues los cuadrados corresponden a los p.b. y los rectángulos a los p.a. como viene siendo habitual.

Este patrón es un referente en el libro, pues requiere de habilidad para colocar todas las pieza que lleva, por lo tanto aprenderás mucho con él. Teje con paciencia, te aseguro que cuando termines estarás realmente satisfecha con el trabajo.

Con hilo azul marino montar 232 cad. Cerrar en anillo la última cad. con la primera con p.r.

v 1. Monta 3 cad. al aire, que corresponden a la altura del p.a. con el que vamos a trabajar el resto de la vuelta. Introduce el color blanco bajo los puntos que vamos a tejer. Trabaja 232 p.a en color azul. Cierra la vuelta con un p.r. para ello introduce la aguja en la tercera cad. del primer p.a. que tejimos en la primera vuelta, dando una lazada en azul.

v 2. Teje 3 cad. al aire y lleva bajo los puntos el color blanco, trabaja 232 p.a. Cierra la fila como en la primera vuelta.

v 3 - 6. Teje igual que la vuelta 2.

v 7. Monta 3 cad. al aire. Teje 7 p.a. en azul, en el último paso del octavo p.a. echa lazada en color blanco y sácala por el punto que tienes en la aguja. Teje 5 p.a. en blanco y cambia a azul en el sexto punto. Trabaja 6 p.a. en azul y vuelve a cambiar a blanco en el último paso del siguiente p.a. Teje 4 p.a. en blanco y cambia a azul en el siguiente punto. Trabaja 2 p.a. en azul y vuelve a cambiar a blanco en el último paso del siguiente p.a. Teje 4 p.a. en blanco y cambia a azul en el próximo punto. Trabaja 3 p.a. en azul y cambia a blanco en el cuarto punto alto.

Sigue tejiendo con el gráfico hasta llegar al p.a. 116 en azul. Correspondiente a una de las caras de la bolsa. Termina de tejer la vuelta en p.a. en color azul. El gráfico corresponde a una cara, por la otra cara todos los puntos se tejen en azul.

Cierra la vuelta con un p.r. introduciendo la aguja por la tercera cad. del primer p.a. que tejimos en la vuelta 7. Con lazada en azul.

v 8. Monta 2 cad. Teje 232 p.b. alrededor de toda la vuelta. Cierra la vuelta con un p.r. La bolsa tiene un total de 73 vueltas de alto.

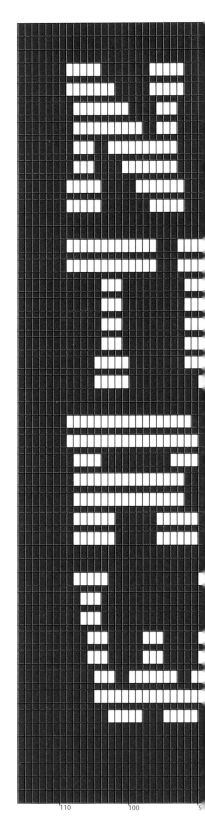

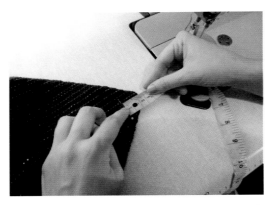

1. Con una aguja lanera enhebrada en azul marino, cose el bajo de la bolsa siguiendo las instrucciones de cosido del apartado "puntos". Dale la vuelta a la bolsa y por la parte del revés mide 2,5 - 3 cm desde la punta hacia dentro, señálalo con un alfiler.

2. Cóselo a máquina, haz lo mismo con el otro lado. Coloca la cremallera por el interior de la apertura y con ayuda de unos alfileres fíjala a la bolsa, cósela a mano o a máquina con pequeñas puntadas bajo los dientes de la cremallera.

3. Dobla la primera tira pequeña por la mitad y sujétala a la bolsa por el lado de la apertura, a unos 6,5 cm del extremo de la bolsa. Por debajo de la cremallera dale varios pespuntes con ayuda de la máquina. Haz lo mismo con las cuatro tiras.

4. Las asas son de quita y pon, así podrás lavar la bolsa cómodamente. Toma una de las tiras y dobla la punta hacia dentro unos 4 cm, puedes poner ya el mosquetón, pasa un pespunte. Haz lo mismo con la otra punta de la tira. Cose la otra igual.

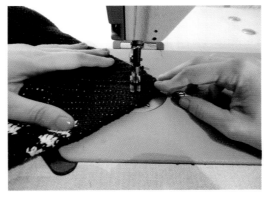

Tengo las llaves de la ciudad.

1. Ella es ese tipo de persona que piensa bajito ideas muy altas.

2. No asume todo lo que es, porque es tanto, que se le escapa de las manos.

3. Ha ocupado el mundo para extender sobre él todos sus materiales, el mundo es una gran caja de piezas y otra de herramientas, se dice.

4. Su libreta más llena, su cabeza más llena, descarga y agarra al mismo tiempo, está explorando el lenguaje y el paisaje, es un genio.

5. Intuye, habla demasiado, sola, también con sus plantas, y mientras va de un lado a otro, piensa que el día que "Dios" hizo el mundo debía estar pensando en otra cosa, pues puso todo patas arriba.

6. Ella cree en otro tiempo, y con este pensamiento recurrente recuerda a aquella chica que conoció en la escuela de arte, con la que mantenía largas conversaciones.

Una noche, la chica la miró a los ojos y le dijo, en unos años el mundo dará un vuelco y una oleada de personas cambiarán la visión de otras muchas, tú vas a formar parte de esas personas, créeme, eres realmente inteligente y poderosa.

A ojos de los demás ella es pintoresca y genuina, sin embargo nadie sabe que guarda en los bolsillos un secreto. Un secreto en forma de llave, las llaves de la ciudad.

Quizás aquella chica... tenía razón

Porque tener las llaves de la ciudad era tener la potestad sobre su cuerpo, su sexualidad, su forma de pensar y actuar, de vestirse y de desvestirse, de abortar o no hacerlo, de tatuarse, de enfadarse, de opinar, de exigir, de hablar y expresarse, de ser feminista...

Sólo ella tenía las llaves de su ciudad, las puertas hacía su cuerpo y su mente estaban cerradas a excepción de quien tuviera el privilegio de recibir una llave.

Que así sea.

Oh Girl Bag

Ganchillo 2 mm. **Hilo** Cotton Nature 2,5 mm de Hilaturas LM. 1 Cono crudo 4099. 1 ovillo fucsia 4108. 1 ovillo negro 437. **Tamaño** Ancho: 25 cm. Alto: 33 cm. **Otros** 2 anillas pequeñas de 1 cm de diámetro. 1 anilla mosquetón de 3 cm de diámetro. 28 cm de elástico negro de medio cm de ancho. 1 asa negra de cinta de mochila de 1,5 cm de ancho por 1,35 m.

Templo

Nadie nos pide
que podamos erigir
ni tan siquiera
una torre de piedra.

Pero al menos,
construye los planos
para levantar en tu interior
un templo
de certidumbre.

La bolsa OH GIRL está pensada para ser un todo terreno. Podrás guardarla dentro del bolso o colgarla en él gracias a su anilla. Además su asa te permite colgarla del hombro incluso estando plegada. Cuando la tejas comprobarás todas las opciones que tiene esta exclusiva bolsa. Hay muchos detalles que realizar, por lo que el proceso requiere paciencia. Pero te aseguro que cuando la termines querrás hacerte más. Su estilo es inconfundible.

Con hilo crudo montar 158 cad. cerrar en anillo con 1 p.r. con lazada en color crudo.

v 1. Monta 3 cad. al aire en color crudo. Introduce la hebra en color negro y la rosa, manteniendo ambas bajo los p.a. que vamos a tejer. Trabaja 158 p.a. en crudo alrededor de toda la vuelta. Cierra la vuelta con un p.r.

v 2. Monta 3 cad. al aire en color crudo. Pasa los hilos negro y rosa a dicha vuelta y mantenlos bajo los puntos. Teje 14 p.a. en crudo y cambia a rosa, en el último paso del siguiente punto, echando la última lazada en rosa. Teje 1 p.a. en rosa, y en ese mismo punto, en la última lazada échala en color negro y termina de tejer el punto. Ahora teje 5 p.a. en negro y cambia a crudo en el siguiente punto. Vuelve a tejer 3 p.a. en crudo y cambia a rosa en el cuarto p.a. en crudo. Trabaja un p.a. en rosa y en la última lazada antes de cerrar el punto cambia a negro, teje un punto en negro y haz lo mismo, antes de terminar dicho punto da una lazada en rosa. Trabaja 1 p.a. en rosa y antes de terminar el punto da la última lazada en negro. Teje 1 p.a. en negro y cambia a crudo en el segundo p.a. Sigue tejiendo la primera fila como se indica en el gráfico. Cuando llegues al p.a. 79 en crudo, habrás tejido la mitad de la vuelta, es decir, una de las caras, ahora es el momento de tejer la siguiente cara. La parte del patrón que se repite en cada vuelta tiene 79 p.a. Tienes que tejer dos veces lo que ves en el gráfico en cada vuelta. Cierra la vuelta con un p.r. introduciendo la aguja en la tercera cad. del primer punto que tejimos y da una lazada en crudo. Teje las siguientes 5 vueltas como indica el gráfico, la vuelta 7 es completa en p.a. crudos. Recuerda llevar las otras dos hebras escondidas bajo los p.a. Remata corta los hilos.

Tejer la Red una vez rematados los hilos y la franja principal de "OH GIRL" esté tejida. Vamos a girarla de modo que queden las letras al revés, dejando la "O" a nuestra derecha y la "L" a nuestra izquierda.

v 1. De punto de red. Introduce la aguja por la primera cad. base que tejimos al montar la hilera de cad. principal. Monta 3 cad. en color crudo y una más para la anchura del punto que saltaremos. Introduce la aguja en la quinta cad. base y teje 1 p.a. Ya tenemos nuestro primer cuadrado. Realiza 1 cad. al aire. Salta una cad. base e introduce la aguja por la siguiente cad. base de modo que quede un punto en medio sin trabajar, vuelve a realizar un p.a. y sigue tejiendo de la misma manera hasta terminar la vuelta. Cierra la vuelta con un p.r. introduciendo la aguja en la tercera cad. que tejimos del primer p.a. formado por las 3 cadenetas.

v 2. Monta 3 cad. al aire y una más por la anchura del punto que vamos a saltarnos, teje p.a. sobre los p.a. de la fila anterior, de forma que trabajes 1 pa. seguido de una cad. al aire, saltes un punto y vuelvas a tejer otro p.a. sobre el siguiente p.a. así todos los cuadrados quedarán perfectamente, alineados. Teje un total de 41 vueltas en punto de red. Remata la hebra por el interior de la bolsa y corta el sobrante.

Para coser la base sigue las instrucciones de cosido del apartado "puntos".

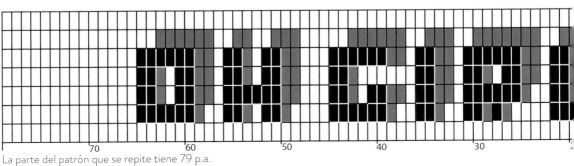

La parte del patrón que se repite tiene 79 p.a.

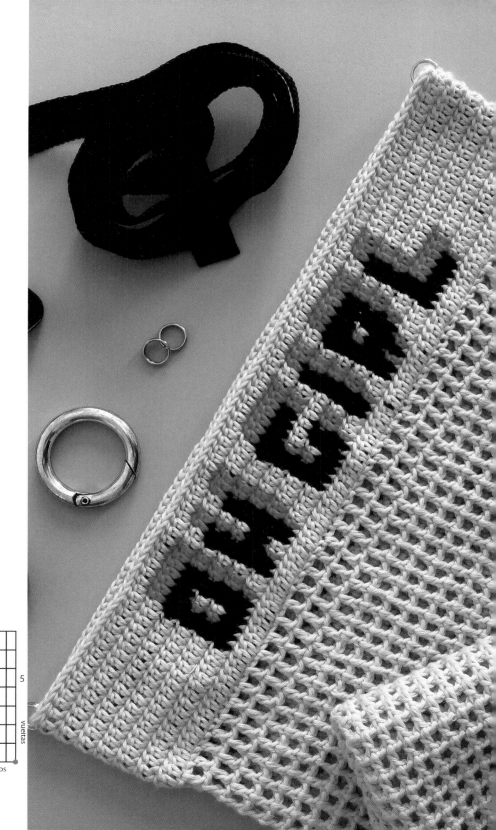

5

vueltas

10

puntos

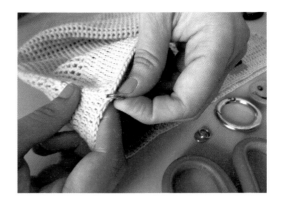

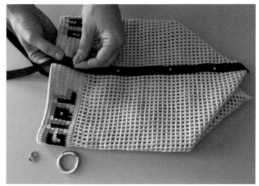

1. Coloca una argolla en cada uno de los lados de la apertura de la boca.

2. Sujeta uno de los extremos de la cinta y colócala en el lateral izquierdo de la bolsa con un alfiler. Haz lo mismo con el otro lado.

3. Cósela a máquina dejando dos vueltas de p.a. en la parte superior sin coser sobre ellas. Es el lugar de las pequeñas argollas.

4. Dobla el elástico e introduce los dos extremos bajo la parte de arriba de la bolsa, a unos 2 cm del lateral derecho, cóselo.

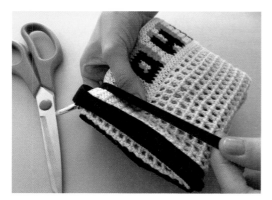

Cómo plegar tu bolsa

1. Dóblala en tres.

2. En este momento puedes guardar las asas o dejarlas fuera si quieres colgártela cerrada. Vuelve a doblarla por la mitad.

3. Pasa el elástico alrededor de la bolsa.

4. Introduce las dos anillas pequeñas dentro de la anilla grande. Con esta anilla podrás colgarla donde quieras.

Open Your Eyes

Ganchillo 3 -3,5 mm. **Hilo** Mel de Presencia Hilaturas: 2 bobinas crema 540 y 1 bobina de lana negra. **Tamaño** Ancho: 44 cm. Alto: 29 cm aprox. **Otros** Tachuelas de punta redonda. Cremallera de 30 cm aprox. Relleno

My way

1. Dejar lo que ya conoces es difícil, decía, sin embargo te aseguro que cuando logres alejarte de todo aquello que es conocido para ti, te sorprenderá lo diferente.

2. En la vida hay que marcar una línea, si quieres vivirla intensamente, claro. En un lado debe estar todo aquello que has vivido, en el otro sólo aquello que merezca la pena, y junto a esto un hueco inmenso para todo aquello que no conocemos. Ahí es donde debemos estar, el que quiere aprender no puede aferrarse, debe continuar por sendas desconocidas, adentrarse en la foresta, ahondar y andar para seguir descubriendo lo propio.

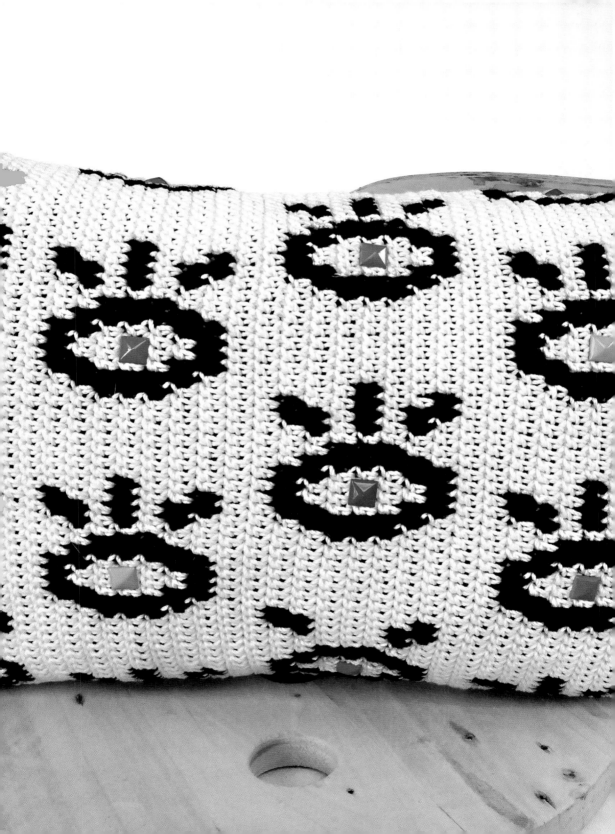

Nota. Puedes tejer el diagrama tal como se representa, o si tu propósito es ponerle tachuelas, no es necesario que tejas los dos puntos altos a modo de pupilas.

En crema, monta 120 cad. Une la última y la primera cad. con 1 p.r.

v 1. Teje 3 cad. al aire. Trabaja 120 p.a. cierra la vuelta con 1 p.r.
v 2. Teje 3 cad. al aire, introduce el hilo negro en el último paso del segundo p.a. y teje 1 p.a. en negro, cambia a crema en el último paso del segundo p.a. en negro. Teje 3 p.a. en crema y cambia a negro en el último paso del cuarto p.a. en crema. Trabaja 3 p.a. en negro y cambia a crema en el último paso del siguiente p.a. en negro. Teje 9 p.a. en crema y vuelve a cambiar a negro echando la última lazada en negro del siguiente punto. Sigue el gráfico.
La parte que se repite del patrón tiene 20 p.a. Repítela 6 veces alrededor de cada vuelta. Cierra la vuelta con un p.r.

Nota: Antes de cerrar cada vuelta tienes que observar de qué color empieza la siguiente vuelta para dar la última lazada del último punto en dicho color, así todo quedará bien alineado.

El patrón tiene un total de 45 vueltas. Remata el hilo negro y no cortes el hilo crema, deja una hebra larga para coser después el lateral.

1. Con ayuda de una aguja lanera cose el lateral siguiendo las instrucciones de cosido del apartado "puntos".

2. Sujeta cada lado de la cremallera por el interior de la boca con ayuda de unos alfileres. Da pequeñas puntadas a mano o a máquina por debajo de los dientes.

3. Tachuelas. Puedes poner filas enteras del mismo color o salteadas, tu pupila puede ser lo que quieras, si encuentras otra fornitura arriésgate y prueba. Para poner las tachuelas solo es necesario meter los dos pies en el lugar de las pupilas y solapar uno sobre el otro por el interior.

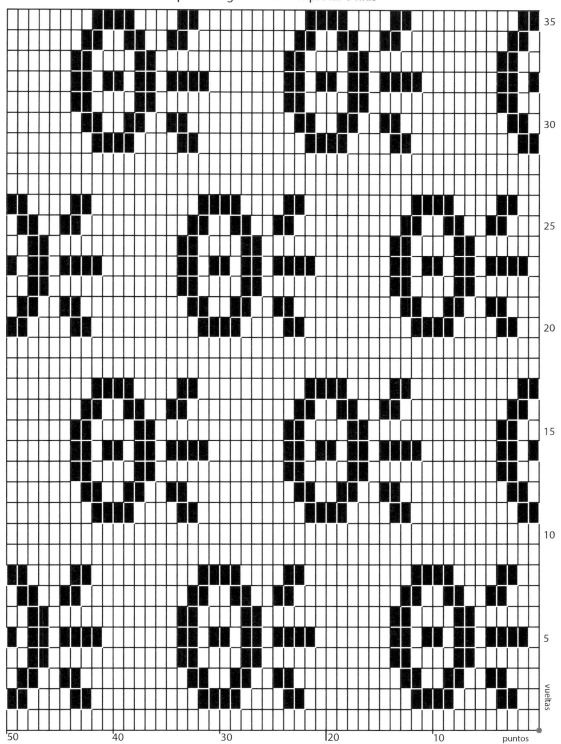

El patrón sigue hasta completar 6 veces la parte de 20 p.a. que se repite.

35

30

25

20

15

10

5

vueltas

50   40   30   20   10   puntos

La parte que se repite del patrón tiene 20 p.a.

Triangle Money Bag

Ganchillo 2 mm. **Hilo** RustiFinca de Presencia Hilaturas. 100 % algodón ecológico. 1 bobina rosa 2333. 1 verde agua 0716. **Tamaño** Ancho: 15 cm. Alto: 13 cm. **Otros** Cremallera verde agua de 15 cm.

Line Money Bag

Ganchillo 2 mm. **Hilo** Kapel de Presencia Hilaturas. 100% viscosa modificada, ecológica. 1 bobina azul 3822. 1 bobina blanca 0001.
Debes probar la hilatura Kapel. Cuando tejas con ella será toda una experiencia. Podrás utilizarla en multitud de proyectos ya que es realmente ligera y suave, con tan sólo 50 gr. tienes 125 metros. Su acabado brillante es realmente precioso.
Tamaño Alto: 15 cm. Ancho: 15 cm. **Otros** Cremallera blanca de 15 cm.

"El hombre que es capaz de trabajar bajo presión, es aquel que no deja que sus ideas se ahoguen, el que las saca a flote, el único que de respirar las dota"

El patrón sigue hasta completar 8 veces la parte de 15 p.a. que se repite.

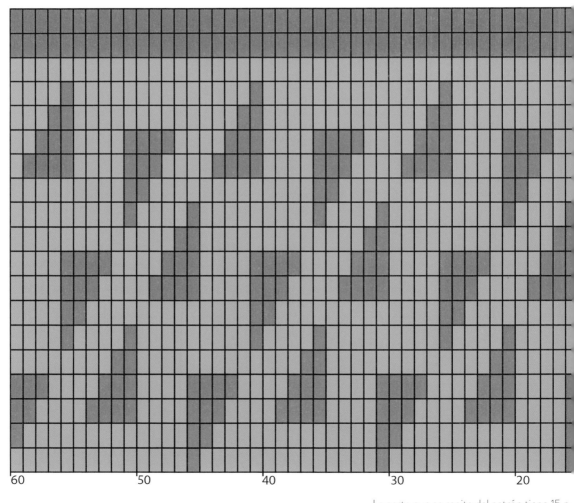

60   50   40   30   20

La parte que se repite del patrón tiene 15 p

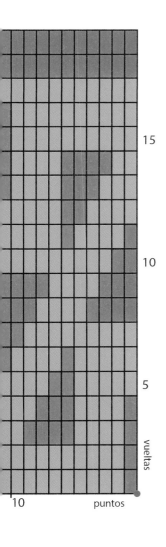

15

10

5

vueltas

10   puntos

Con hilo verde monta 120 cad. al aire, procura que no queden enredadas, une la última con la primera con un p.r. utilizando la hebra en rosa.

v 1. Montar 3 cad. al aire en rosa y cambia a verde en el último paso del primer p.a. en rosa. Teje 13 p.a. en verde y cambia a rosa en el siguiente punto. Teje 1 p.a. en rosa y en el último paso de ese mismo punto alto da una lazada en verde. Vuelve a tejer 13 p.a. en verde y cambia a rosa en el catorceavo p.a. en verde. Teje 1 p.a. en rosa y cambia a verde dando la última lazada en verde en ese mismo p.a. Teje 13 p.a. en verde y cambia a rosa en el siguiente p.a. Trabaja un p.a. en rosa y en la última lazada de dicho p.a. cambia a verde. Sigue el gráfico.
Teje la parte de 15 p.a. que se repite del patrón 7 veces alrededor de cada vuelta. Tiene un total de 19 vueltas. Trabaja con verde y rosa siguiendo el gráfico hasta la vuelta 17 y teje la vuelta 18 y 19 enteras en rosa. Remata los hilos y corta la hebra.

Con una aguja lanera enhebrada en rosa, cose el bajo introduciendo la aguja en los dos puntos enfrentados, saca el hilo y pasa la hebra por arriba de forma circular y vuelve a repetir hasta cerrarla toda. Remata y corta los hilos.

Sujeta la cremallera con unos alfileres colocando cada parte por el interior de la apertura y cósela a mano o a máquina, con pequeñas puntadas bajo los dientes de la cremallera.

Con Kapel monta 96 cad. observa que queden al derecho y une la última cad. con la primera que tejiste con un p.r.

v 1. Monta 3 cad. Teje 96 p.a. en azul escondiendo el hilo blanco bajo los p.a. trabajados. Cierra la primera vuelta con un p.r. para ello introduce la aguja en la tercera cad. del primer p.a. y da la lazada en blanco, para comenzar la siguiente vuelta en su color.

v 2. Monta 3 cad. al aire en blanco. Teje 4 p.a. en blanco y en el último paso del quinto p.a. en blanco da una lazada en azul. Teje 1 p.a. en azul y en el siguiente cambia a blanco. Teje 1 p.a. en blanco y cambia a azul en el último paso del siguiente p.a. en blanco. Teje 1 p.a. en azul y cambia a blanco en el segundo p.a. en azul. Teje 1 p.a. en blanco y cambia a azul en el segundo p.a. Trabaja 1 p.a. en azul y cambia a blanco en el último paso del segundo p.a. en azul. Teje un p.a. en blanco e introduce el azul en el segundo p.a. Teje 1 p.a. en azul y vuelve a cambiar a blanco en el siguiente p.a. Teje 9 p.a. en blanco y cambia a azul en el décimo p.a. Sigue el gráfico hasta terminar la vuelta.

La parte de 24 p.a. que se repite del patrón debes tejerla 4 veces alrededor de cada vuelta.
El patrón tiene un total de 28 vueltas de p.a. de altura. A partir de la vuelta 19, incluida, teje el resto de vueltas en azul, sigue escondiendo el hilo blanco dentro de los p.a. Remata y corta la hebra.

Por la parte que hemos tejido las vueltas en azul coseremos la base. Con una aguja lanera e hilo azul cose el bajo, introduciendo la aguja por los dos puntos frente a frente, saca el hilo y pasa la hebra por arriba en forma circular y vuelve a realizar el mismo proceso hasta cerrarla toda. Remata y corta los hilos.

Da la vuelta al neceser. Cose la base siguiendo los dos primeros pasos de la pieza "Natural Woman Bag" de la página 64, pero mide 3,5 cm desde la punta hacia el interior.

Cose la cremallera a máquina o a mano con pequeñas puntadas.

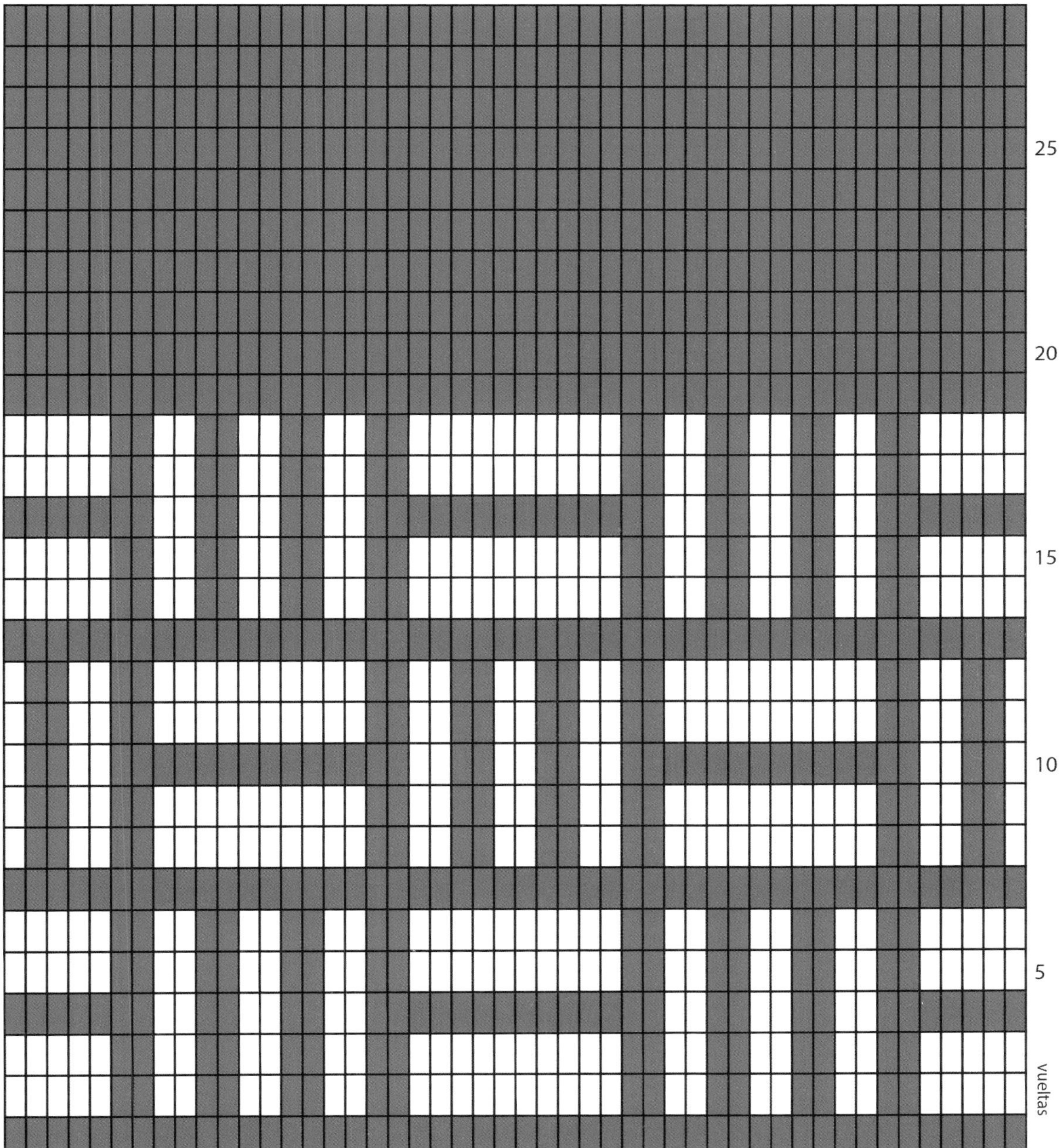

El patrón sigue hasta completar 4 veces la parte de 24 p.a. que se repite.

25

20

15

10

5

vueltas

40

30

20

10

puntos

La parte que se repite del patrón tiene 24 p.a.

Blanket Good Vibes

Ganchillo 3 mm. Para la manta GOOD VIBES vamos a utilizar una de las marcas que sin duda está en mi lista de favoritas: Cotton Nature de Hilaturas LM. Suave, ligera, y extremadamente larga. En más de 30 colores diferentes y tres grosores. Es perfecta. Necesitaremos 2 ovillos amarillos 4128. 2 ovillos pistacho color 4137. 2 ovillos rosas 4108. 1 ovillo azul 4131. 5 conos crudos 4099. 3 conos negros 437. 1 ovillo celeste 4106. **Tamaño** Ancho: 120 cm. Alto: 150 cm.

Good vibes

Sabes que deberías, tienes que quitarte de encima esa ansiedad que te produce tirarte al vacío.

-Y siguió diciendo- la única manera de perder el miedo es imaginarse salir a la calle sin paraguas, entonces cuando cada gota empape por completo cada parte, cada todo, será imposible volver a preocuparse por la lluvia. Cuando conozcas la lluvia en tu cabello, en tu ropa, nada podrá mojarla más, de nuevo, y sólo entonces, completamente empapada, dejarás de preocuparte por ella... quizás para hacerlo por otra cosa... o no.

La manta GOOD VIBES es sin duda uno de mis proyectos favoritos. Está compuesta de 12 aplicaciones de 30 x 30 cm. 1 aplicación de 15 x 30 cm. 1 aplicación de 30 x 60 cm. 1 aplicación de 30 x 45 cm, y la última de GOOD VIBES que mide 30 x 120 cm.

Rayas verticales crudas y negras

Ganchillo 3 mm. **Hilo** Cotton Nature de Hilaturas LM. Crudo 4099. Negro 437.
Tamaño Ancho: 30 cm. Alto: 30 cm.

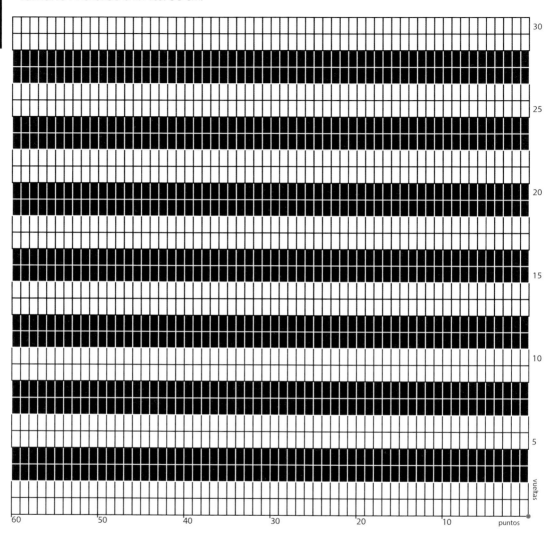

Con hilo crudo montar 60 cad. al aire más 3 de altura del punto alto con el que vamos a trabajar.

v 1. Comenzaremos a tejer sobre la última cad. de la hilera sin contar las tres de altura, es decir, pincha la aguja en la cuarta cad. para tejer el primer punto. Trabaja 59 p.a. más hasta finalizar la vuelta. Cuando termines el punto 60, monta 3 cad. al aire y gira la labor de modo que sigas tejiendo la vuelta 2 en sentido contrario.

v 2. Teje 60 p.a. en crudo, antes de finalizar el último punto alto en crudo, da una lazada en negro, recógela con la aguja y sácala por los dos puntos que tengas en la aguja. Ya tenemos el nuevo color. Trabaja 3 cad. al aire y gira la labor, dejando el hilo crudo en espera, en esa esquina, y comienza a trabajar la vuelta 3.

v 3-4. trabajar 60 p.a. en cada vuelta. Una vez terminada la vuelta 4, habrás vuelto al lugar donde dejamos la hebra cruda, antes de cerrar el último punto de la vuelta 4, da una lazada en crudo, recoge el hilo con la aguja y sácalo por los dos puntos que te quedan, ahora tendrás otra vez el nuevo color en la aguja.

La aplicación tiene un total de 30 vueltas, cambia de color cada dos vueltas. Cuando termines no cortes la hebra cruda. La negra escóndela con ayuda de una aguja lanera por el interior.

Bordea con hilo crudo la aplicación en p.b. Cada vez que llegues a una de las 4 esquinas, teje 3 p.b. en el mismo punto para poder girar cómodamente y seguir tejiendo. Remata la hebra y corta el hilo.

*Bodoques

*Los bodoques son una técnica popular de crochet que añade textura a la superficie de una pieza.

Ganchillo 3 mm. **Hilo** Cotton Nature de Hilaturas LM. Crudo 4099. Amarillo: 4128.
Tamaño Ancho: 15 cm. Alto: 30 cm.

Monta con hilo crudo 30 cad. al aire más 3 cad. que corresponden a la altura del p.a. con el que vamos a tejer esta aplicación.

v 1. Pincha la aguja en la cuarta cad. tejiendo el primer p.a. sobre la misma, introduce el hilo amarillo y llévalo bajo los puntos altos a medida que vayas avanzando. Teje un total de 30 p.a. Monta 3 cad. y gira la labor para seguir trabajando la vuelta 2 en sentido contrario.

v 2. Sube el hilo amarillo a la siguiente vuelta para esconderlo bajo los puntos en crudo. Teje 30 p.a. trabaja 3 cad. al aire y gira la labor.

v 3. Teje 5 p.a. en crudo, en el último paso del sexto punto alto echa una hebra en amarillo, recoge el hilo con la aguja, sácalo por los dos puntos que tienes en la misma y listo. Ya tenemos el nuevo color.
Es el momento de trabajar el primer bodoque. Teje 4 p.a. en el siguiente punto base. Una vez tejidos, saca la cadena que tienes en la aguja de modo que la aguja quede libre. Introduce la aguja en el primer punto alto que tejimos del bodoque (en la tercera cadeneta superior) y de seguido pínchala también en la cadeneta que sacamos primero. Da una lazada en crudo, recoge el hilo con la aguja y sácala por los dos puntos que llevas en ésta, ya tenemos nuestro primer bodoque y además hemos cambiado a crudo.
Trabaja 15 p.a. en crudo y en el último paso del punto 16 vuelve a cambiar a amarillo. En el siguiente punto teje un bodoque en amarillo y cambia a crudo en el último paso. Trabaja 6 p.a. en crudo. Monta 3 cad. y gira la pieza para seguir trabajando en sentido contrario.

v 4-7. De la vuelta 4 a la vuelta 7, ambas incluidas, teje 30 p.a. en cada una de ellas, recuerda llevar el hilo amarillo bajo los puntos bajos que vayamos tejiendo.

Las siguientes vueltas que llevan bodoques son la 8 y la 13. Cuando tejas bodoques, hazlo exactamente como se indica en la vuelta 3. (Explicación de bodoque).
A partir del aquí teje 17 vueltas más en punto alto en crudo.

Una vez finalizada la vuelta 30, bordea toda la aplicación con una vuelta en p.b. en color crudo. Al llegar a cada una de las 4 esquinas teje 3 p.b. para girar mejor y sigue tejiendo. Remata la hebra y corta.

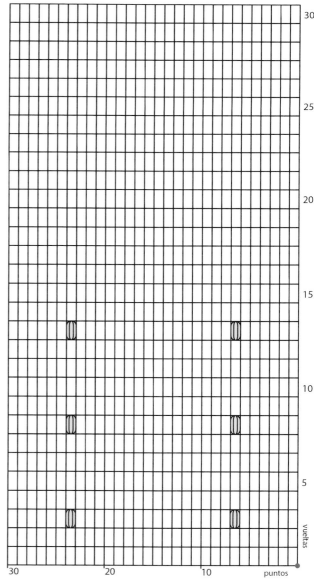

Triángulos

Ganchillo 3 mm. **Hilo** Cotton Nature de Hilaturas LM color: crudo 4099. Negro 437.
Tamaño Ancho: 45 cm. Alto: 30 cm.

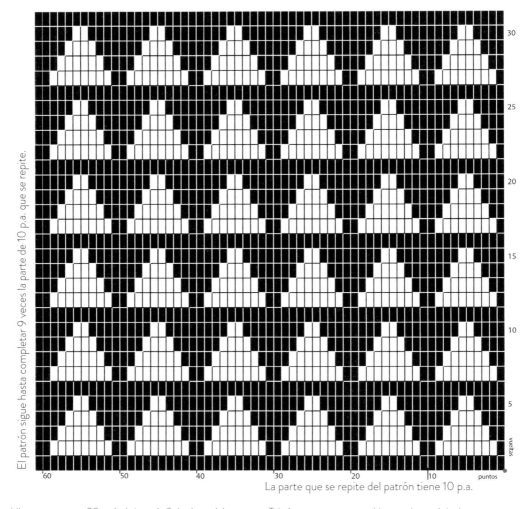

El patrón sigue hasta completar 9 veces la parte de 10 p.a. que se repite.

La parte que se repite del patrón tiene 10 p.a.

Con hilo negro montar 90 cad. al aire más 3 de altura del p.a. con el que vamos a trabajar.

v 1. Comenzaremos a tejer sobre la última cad. de la hilera sin contar las tres de altura, es decir, pincha la aguja en la cuarta cad. para tejer el primer punto.
Introduce el color crudo y llévalo bajo los puntos altos a medida que avances. Trabaja 89 p.a. más hasta finalizar la vuelta. Montar 3 cad. al aire y girar la labor para seguir tejiendo en sentido contrario.

v 2. Teje un p.a. en negro y en el último paso de dicho punto, da una lazada en crudo, recógela con la aguja, y saca la lazada por los dos puntos que tengas en la aguja.
Ya tenemos el nuevo color. Teje 7 p.a. en crudo y cambia a negro en el octavo punto. Trabaja 1 p.a. en negro y vuelve a cambiar a crudo en el último paso del siguiente punto. Vuelve a tejer 7 p.a. en crudo y en el siguiente punto cambia a negro.

Teje 1 p.a. en negro y cambia a crudo en el siguiente punto. Trabaja 7 veces más la parte de 10 p.a. que se repite del patrón, hasta terminar la primera vuelta. Monta 3 cad al aire y gira.

v 3. Teje 1 p.a. en negro, en el siguiente punto cambia a crudo. Trabaja 5 p.a. en crudo y cambia a negro en el sexto punto. Teje 3 p.a. en negro y en el último paso del cuarto p.a. cambia a crudo. Sigue el gráfico hasta terminar la vuelta.

Cuando termines de tejer la vuelta número 5 habrás tejido una franja entera de triángulos. Debes tejer 6 veces más dicha franja, para completar las 31 vueltas de altura que tiene la aplicación, cuando llegues al final remata la hebra negra y córtala.

Con hilo crudo bordea la aplicación en p.b. Cada vez que llegues a una de las 4 esquinas, teje 3 p.b.en el mismo punto para poder girar y seguir tejiendo. Remata la hebra y corta.

Ganchillo 3 mm. **Hilo** Cotton Nature de Hilaturas LM color: crudo 4099. Negro 437.
Tamaño Ancho: 30 cm. Alto: 30 cm.

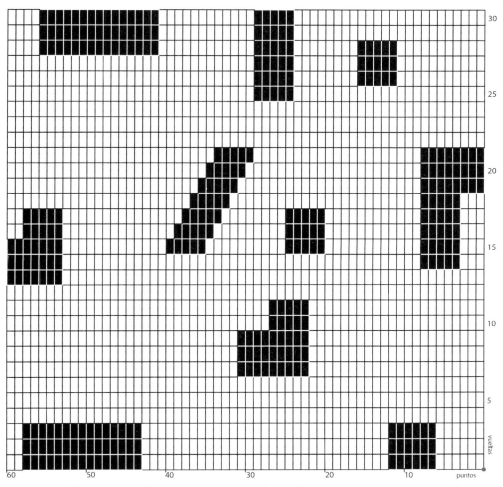

Con hilo crudo monta 60 cad. al aire más 3 de altura del p.a. con el que vamos a trabajar.

v 1. Pincha la aguja en la cuarta cad. para tejer el primer punto.
Introduce el color negro para llevarlo escondido bajo los puntos altos que vamos a tejer. Trabaja 5 p.a. en crudo y en el último paso del siguiente punto, antes de cerrarlo, da la última lazada en negro, recoge la hebra con la aguja y sácala por las dos cad. que hay en la aguja. Ya tenemos el nuevo color. Trabaja 5 p.a. en negro y en el siguiente punto vuelve a cambiar de color de la misma manera a crudo. Teje 30 p.a. en crudo y cambia a negro en el siguiente punto. Trabaja 14 p.a. en negro y cambia a blanco en el quinceavo p.a. Teje 2 p.a. en crudo. Monta 3 cad. al aire y gira la labor para seguir trabajando en sentido contrario la vuelta 2.

v 2. Ahora debemos mirar el gráfico en sentido contrario. Recuerda subir el color negro a la fila 2 y esconderlo bajo los puntos altos que vamos a tejer. Trabaja 1 p.a. en crudo y en la última cad. que cierra el segundo p.a. en crudo, cambia a negro.

Trabaja 14 p.a. en negro y cambia a crudo en el siguiente punto. Teje 30 p.a. en crudo y en siguiente p.a. echa la hebra final en negro para seguir trabajando en dicho color. Teje 5 p.a. en negro y cambia a crudo en el último paso del sexto punto. Trabaja 6 p.a. más en crudo hasta terminar la vuelta 2. Monta 3 cad. al aire y gira la labor.

v 3. Ahora vuelve a mirar el gráfico en sentido contrario, en el mismo sentido que la vuelta 1. Teje 5 p.a. en crudo. Cambia a negro en el último paso del siguiente punto. Sigue el gráfico hasta terminar la vuelta.
La aplicación tiene 30 vueltas de altura. Recuerda llevar la hebra que no utilices bajo los puntos que trabajas y avanzar con ella bajo los mismos hasta que te toque cambiar de color.

Al terminar la aplicación, remata la hebra negra con ayuda de una aguja lanera y bordea toda la aplicación en crudo en p.b. Cuando llegues a cada una de las 4 esquinas, teje 3 puntos bajos en cada una de ellas, esto te permitirá girar con mayor facilidad. Remata y corta la hebra.

91

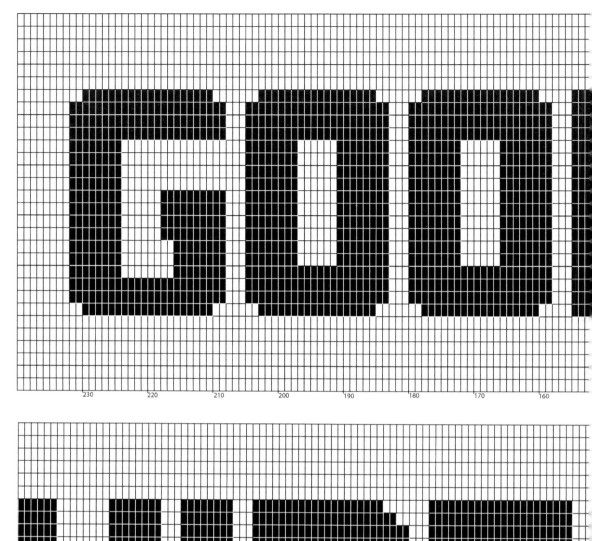

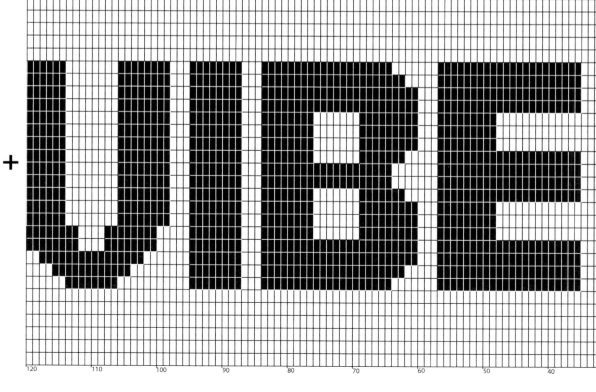

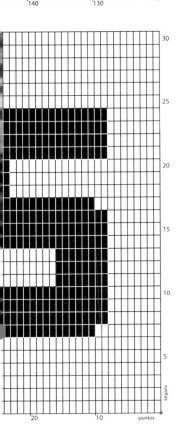

Good Vibes

Ganchillo 3 mm. **Hilo** Cotton Nature de Hilaturas LM color: Crudo 4099. Negro 437. **Tamaño** Ancho: 120 cm. Alto: 30 cm.

Con hilo crudo montar 240 cad. más 3 de altura.

v 1. Introduce la aguja en la cuarta cad. para tejer el primer punto. Trabaja un total de 240 p.b. Monta 3 cad. y gira para tejer en sentido contrario. Teje 5 vueltas más con 240 p.a. cada una en crudo.

v 7. Introduce el hilo negro bajo la hebra cruda, y mantenlo bajo los p.a. de modo que quede escondido mientras avanzas. Trabaja 9 p.a. y en el último paso del décimo punto da una lazada en negro, recógela con la aguja y sácala por los dos puntos de la misma, ya tenemos el nuevo color. Teje 21 p.a. en negro y en el siguiente punto cambia a crudo. Teje 2 p.a. en crudo y vuelve a cambiar a negro en el tercer punto. Trabaja 21 p.a. en negro y cambia a crudo en el 22. Trabaja 6 p.a. en crudo y vuelve a cambiar a negro en el último paso del siguiente punto. Trabaja 19 p.a. y en el siguiente punto cambia a crudo, teje 2 p.a. en crudo y vuelve a cambiar a negro en el tercero. Teje 7 p.a. y en el octavo punto cambia a crudo. Trabaja 10 p.a. en crudo y en el último paso del onceavo p.a. en crudo cambia a negro. Teje 7 p.a. en negro y cambia a crudo en el siguiente. Teje 20 p.a. en crudo y en el veintiuno cambia a negro. Hasta aquí tenemos la primera vuelta de "vibes". Sigue tejiendo 19 p.a. en negro y en el último paso del siguiente punto da una lazada en crudo, recógela con la aguja y sácala por los dos puntos de esta.

Teje 4 p.a. en crudo y cambia a negro en el siguiente. Teje 17 p.a. en negro y en el siguiente cambia a crudo. Trabaja 5 p.a. en crudo y al final de sexto cambia a negro. Vuelve a tejer 17 p.a. cambiando a crudo al final del dieciochoavo punto negro. 6 p.b. en crudo y haz el cambio a negro en el siguiente punto. Teje 19 p.a. y haz el último cambio a crudo en el siguiente punto. Trabaja los últimos 8 p.a. en crudo hasta finalizar la vuelta. Monta 3 cad. al aire y gira para seguir trabajando en sentido contrario.

v 8. Ahora debes mirar el gráfico en sentido contrario con respecto a la anterior vuelta. Sube el hilo negro para llevarlo bajo los puntos y sigue tejiendo 7 p.a. en crudo, ahora cambia a negro en el siguiente punto. Trabaja 23 p.a. en negro y cambia a crudo al finalizar el siguiente punto echando hebra en crudo, recogiendo el hilo con la aguja y pasándolo por los dos puntos de ésta. (G) Sigue tejiendo como indica el gráfico hasta terminar la vuelta. Teje 16 vueltas más con ambos colores como se indica. A partir de la vuelta 25 (incluida) trabaja 6 vueltas enteras de 240 p.a. cada una en crudo.

Remata la hebra negra y con el hilo crudo tejer una vuelta de p.b. alrededor de toda la aplicación, haz 3 p.b. en el mismo punto cada vez que llegues a una de las cuatro esquinas.

Ojo

Ganchillo 3 mm. **Hilo** Cotton Nature de Hilaturas LM. Crudo 4099. Negro 437. Ovillo celeste 4106. Ovillo Azul 4131. **Tamaño** Ancho: 30 cm. Alto: 30 cm.

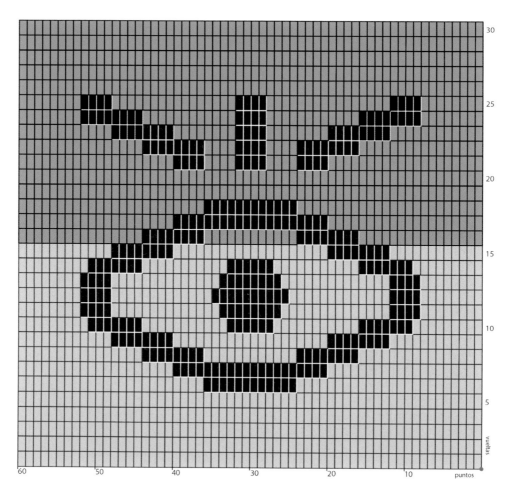

Con hilo celeste montar 60 cad. al aire más 3 de altura.

v 1. Introduce la aguja en la cuarta cad. para tejer el primer punto. Trabaja un total de 60 p.b. Monta 3 cad. al finalizar la vuelta y gira la labor para tejer en sentido contrario. Teje 4 vueltas más con 60 p.a. cada una en celeste.

v 6. Introduce bajo la hebra celeste el hilo negro, y mantenlo bajo los puntos altos a medida que vayas avanzando hasta que tengas que hacer el cambio a negro. Teje 23 p.a. en celeste, y en el último paso del siguiente punto da una lazada en negro, recógela con la aguja y saca la hebra por los dos puntos de la aguja, ya tenemos el nuevo color. Trabaja 11 p.a. en negro y mantén el celeste escondido, y en el punto 12 vuelve a cambiar a celeste. Trabaja 24 p.a. hasta finalizar la vuelta. Monta 3 cad. y gira.

v 7. Trabaja 19 p.a. en celeste y cambia a negro en el último paso del siguiente punto. Teje 19 p.a. en negro y cambia a celeste en el siguiente punto. Trabaja 20 puntos altos en celeste hasta terminar la vuelta.

Sigue tejiendo como indica el gráfico. Al finalizar la vuelta número 15, en el último paso del último punto, da una lazada en azul, recógela con la aguja y sácala por los dos puntos de la aguja, puedes dejar una pequeña hebra en celeste para rematar después. Ya tenemos el nuevo color con el que seguiremos tejiendo la mitad superior de esta aplicación, junto al negro. Sigue el gráfico hasta completar el ojo en la vuelta 25. De la vuelta 26 (incluida) a la 30 tejer 60 p.a. en cada vuelta en color celeste, puedes dejar una hebra en negro y rematarla en la vuelta 25. Cuando finalices la última vuelta remata el hilo azul.

Con hilo crudo teje una vuelta de p.a. alrededor de toda la aplicación, haz 3 p.b. en el mismo punto cada vez que llegues a una de las cuatro esquinas. Remata y corta la hebra.

Cuadros negros

Ganchillo 3 mm. **Hilo** Cotton Nature de Hilaturas LM color: crudo 4099. Negro 437 .
Tamaño Ancho: 30 cm. Alto: 30 cm.

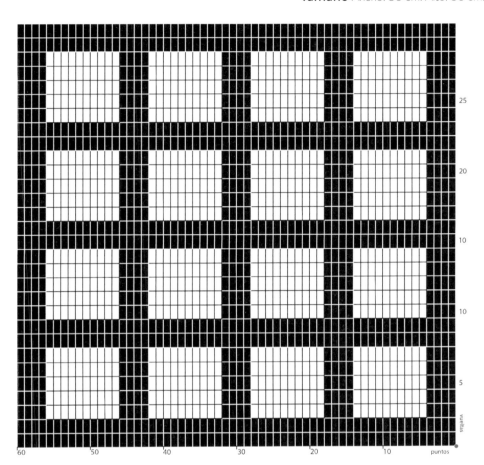

Con hilo negro monta 60 cad. al aire más 3 de altura.

v 1. Comienza a tejer sobre la última cad. de la hilera sin contar las tres de altura, es decir, introduce la aguja en la cuarta cad. para tejer el primer punto. Añade el color crudo para llevarlo escondido bajo los puntos altos que vamos a tejer. Trabaja 60 p.a. en negro hasta finalizar la vuelta. Monta 3 cadenetas al aire y gira la labor en sentido contrario.

v 2. Sube el hilo crudo y haz que permanezca escondido bajo los siguientes 60 p.a. a tejer hasta finalizar la vuelta. Monta 3 cad. y gira.

v 3. Trabaja 3 p.a. y en el último paso del cuarto p.a. cambia a crudo dando la última lazada en dicho color, recogiendo con la aguja la hebra y pasándola por los dos puntos que tienes en la aguja. Ya tenemos el nuevo color. Teje 9 p.a. en crudo y vuelve a cambiar de color en el décimo punto. Teje otros 3 p.a. en negro y cambia de color en el cuarto. Trabaja 9 p.a. en crudo y vuelve a negro en el siguiente punto.

Teje otros 3 p.a. en negro y cambia a crudo en el último paso del siguiente punto. Vuelve a trabajar otros 9 p.a. en crudo y cambia a negro en el décimo. Trabaja 3 p.a. en negro y cambia a crudo en el cuarto punto. Teje los últimos 10 p.a. en crudo, cambiando a negro en el último paso del décimo punto. Teje 4 p.a. en negro. Montar 3 cadenetas y girar la labor.

v 4. Sigue trabajando las vueltas 4, 5, 6 y 7 exactamente igual que la vuelta 3.
En la vuelta 8 y 9 teje 60 p.a. en negro en cada una.

Sigue tejiendo con ayuda del gráfico, esta aplicación tiene 30 vueltas de punto alto en total.

Una vez terminada de tejer. Remata el hilo negro y con crudo bordea toda la aplicación con puntos bajos, recordando tejer 3 p.b. en el mismo punto en cada una de las 4 esquinas. Remata y corta la hebra.

Necesitarás tejer dos aplicaciones como esta para tu manta.

Rectangulo rosa y amarillo

Ganchillo 3 mm. **Hilo** Cotton Nature Hilaturas LM. Amarillo 4128. Rosa 4108 Crudo 4099.
Tamaño Ancho: 30 cm. Alto: 30 cm.

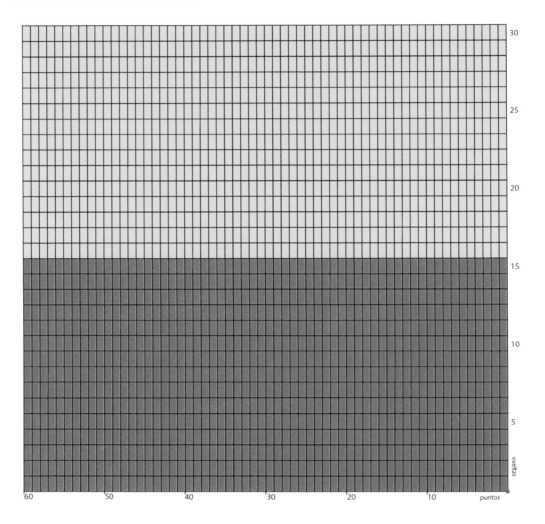

Con hilo rosa montar 60 cad. más 3 de altura.

v 1. Introduce la aguja en la cuarta cad. para tejer el primer p.a. Teje un total de 60 p.a. en rosa. Monta 3 cad. al aire y gira la labor. Teje 14 vueltas más en rosa de 60 p.a. cada una.
En el último punto de la vuelta 15, da la lazada final para terminar el punto alto en color amarillo, recógela con la aguja y saca la hebra por las dos cadenas que tienes en la aguja, ya tenemos el nuevo color. Corta una pequeña hebra en rosa y déjala en espera para rematar dicho color más tarde.

v 16-30. Teje 60 p.a. en cada una de las vueltas. Remata ambas hebras y córtalas.

Con hilo crudo bordea toda la aplicación en p.b., haz 3 p.b. en el mismo punto cada vez que llegues a una esquina.

Rayo

Ganchillo 3 mm. **Hilo** Cotton Nature Hilaturas LM. Amarillo 4128. Crudo 4099.
Tamaño Ancho: 30 cm. Alto: 30 cm.

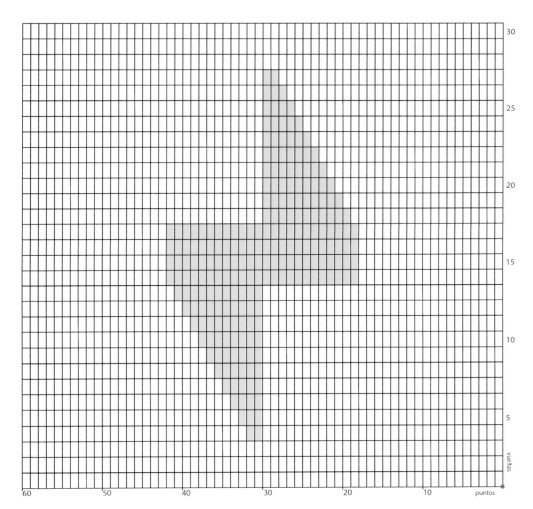

Con hilo crudo monta 60 cad. más 3 de altura.

v 1. Introduce la aguja en la cuarta cad. para tejer el primer punto. Teje un total de 60 p.a. en crudo. Monta 3 cad al aire y gira. Teje las vueltas 2 y 3 con 60 p.a. cada una en crudo.

v 4. Teje 27 p.a. en crudo e introduce el hilo amarillo en el último paso del siguiente punto crudo, es decir, da la última lazada en amarillo, recoge la hebra con la aguja, pásala por los dos puntos que tienes en la aguja y listo, ya tenemos el nuevo hilo. Trabaja 1 p.a. en amarillo y en el siguiente p.a. cambia a crudo. Deja el hilo amarillo en espera, es decir no lo escondas bajo los puntos altos en crudo, y vuelve a tomarlo en la vuelta 5. Sigue trabajando 30 p.a. en crudo. Monta 3 cad. al aire y gira.

v 5. Trabaja 29 p.a. en crudo y en el siguiente p.a. cambia a amarillo.

Teje 2 p.a. en amarillo y en el último paso del siguiente p.a. en amarillo cambia a crudo. Termina la vuelta tejiendo 27 p.a. en crudo. Monta 3 cad. girar.

Las siguientes vueltas puedes tejerlas siguiendo en gráfico. Recuerda dejar el hilo en espera cada vez que tejas los puntos altos amarillos de cada vuelta y vuélvelo a agarrar, en cada vuelta, cada vez que los empieces.

La aplicación tiene de altura un total de 30 vueltas de puntos altos. Termina de tejer el rayo en la vuelta 27. Corta una pequeña hebra amarillo para rematar después por la parte de atrás. Sigue trabajando tres vueltas más en crudo.

Antes de cortar la hebra, bordea toda la aplicación en p.b. y trabaja 3 p.b. en el mismo punto cada vez que llegues a una de las 4 esquinas. Remata la hebra y corta.

Bodoques negros sobre fondo crudo

*Los bodoques son una técnica popular de crochet que añade textura a la superficie de una pieza.

Ganchillo 3 mm. **Hilo** Cotton Nature de Hilaturas LM Crudo 4099. Negro 437.
Tamaño Ancho: 30 cm. Alto: 30 cm.

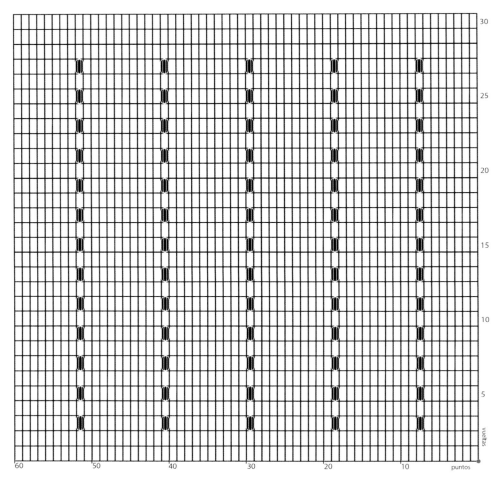

Con hilo blanco montar 60 cad. más 3 cad. más.

v 1. Pincha la aguja en la cuarta cad. tejiendo el primer p.a. sobre la misma, introduce el hilo negro y llévalo bajo los puntos altos que vamos a trabajar. Haz el primer p.a. en la cuarta cad. y teje 59 p.a. más. Monta 3 cad. al aire y gira.

v 2. Sube el hilo negro a la siguiente vuelta. Teje 60 p.a. trabaja 3 cad. en crudo.

v 3. Teje 6 p.a. en crudo y en el último paso del siguiente p.a. cambia a negro. Teje un bodoque (para ello sigue las instrucciones de la vuelta 3 de la aplicación 2).
Con hilo crudo en la aguja. trabaja 9 p.a. en crudo y en el último paso del décimo p.a. cambia a negro. Teje un bodoque en el siguiente punto, cambiando de color en la última cad.

Trabaja 9 p.a. en crudo, y en el siguiente punto cambia a negro. Sigue el gráfico hasta terminar la vuelta.

v 4. Sube el hilo negro y mantenlo bajo los puntos del crudo. Teje 60 p.a. en crudo. 3 cad. al aire y gira la labor.

v 5. Teje la vuelta 5 igual que la vuelta número 3. A partir de aquí trabaja los bodoques una fila si una no hasta la vuelta 27. Las tres últimas filas téjelas en crudo.

Remata el hilo negro y con la hebra cruda bordea toda la aplicación en p.b. Teje en cada una de las 4 esquinas 3 p.b. para hacer el giro y seguir tejiendo. Remata y corta la hebra.
Necesitarás tejer para tu manta otra aplicación igual, esta vez invirtiendo los colores.

Ganchillo 3 mm. **Hilo** Cotton Nature de Hilaturas LM Crudo 4099. Negro 437.
Tamaño Ancho: 60 cm. Alto: 30 cm.

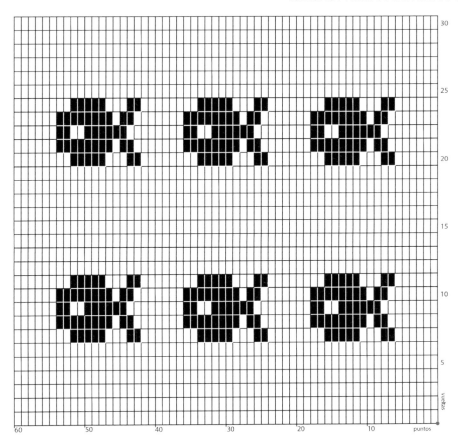

Con hilo crudo monta 60 cad. al aire más 3 de altura.

v 1. Introduce la aguja en la cuarta cad. para tejer el primer punto. Teje un total de 60 p.a. Monta 3 cadenetas al finalizar la vuelta y gira la labor para seguir trabajando en sentido contrario. Teje 5 vueltas más, (hasta la vuelta 6, incluida) con 60 p.a. en crudo.

v 7. Introduce la hebra de hilo negro y mantenla debajo de los puntos altos que vamos a tejer en crudo. Trabaja 5 p.a. en crudo y en el último paso del siguiente punto da una lazada en negro, recoge la hebra con la aguja y pásala por las dos cadenas de la aguja. Ya tenemos el nuevo color. Teje 1 p.a. y vuelve a cambiar a crudo en el segundo punto. Trabaja 2 p.a. en crudo y cambia a negro en el siguiente punto. Trabaja 4 p.a. en negro y cambia a crudo en el último paso del quinto punto. Teje 7 p.a. en crudo y cambia a negro en el siguiente punto. Vuelve a tejer 1 p.b. en negro e introduce el crudo al final del siguiente punto. Teje 2 p.a. en crudo y cambia a negro en el tercer punto. Trabaja 4 p.a. en negro y cambia a crudo en el quinto punto. Teje 7 p.a. en crudo, y en el siguiente punto cambia a negro. Teje 1 p.a. en negro y cambia a crudo en el segundo. Trabaja 2 p.a. en crudo e introduce el negro en el último paso de punto 3. Teje 4 p.a. en negro y en el quinto punto cambia a crudo y trabaja los últimos 8 p.a. en crudo hasta finalizar la vuelta.

Monta 3 cadenetas al aire y gira la labor para trabajar en sentido contrario.

v 8. Ahora debes mirar el gráfico en sentido contrario a la vuelta anterior y seguir tejiendo. Trabaja 5 p.a. y en el último paso del sexto punto, da una lazada en negro, recoge la hebra y pásala por los dos puntos de la aguja. Teje 7 p.a. en negro y cambia a crudo en el siguiente punto. Sigue el gráfico hasta terminar la vuelta y tejer 3 vueltas más escondiendo simultáneamente blanco y negro. Al llegar a la vuelta 12 puedes cortar la hebra negra y trabajar las vueltas hasta llegar a la 19 (incluida) sólo con crudo sin esconder el negro, aunque por el grosor siempre es mejor llevarla escondida, en todo caso prueba para que tú puedas comprobar que efecto te produce y si te gusta.

A partir de la vuelta 20 hasta la 24, vuelve a trabajar de la misma manera que fueron tejidos la franja de peces anteriores. Esta aplicación tiene un total de 30 vueltas de punto alto de altura. Sigue el gráfico para tejerlas. Cuando llegues al final remata la hebra negra y no cortes la hebra cruda, teje una vuelta de punto bajo alrededor de la aplicación y realiza 3 p.b. en el mismo punto cada ve que llegues a una de las 4 esquinas. Remata la hebra y corta.

Triángulos rosas en las esquinas

Ganchillo 3 mm. **Hilo** Cotton Nature de Hilaturas LM. Pistacho 4137. Rosa 4108. Crudos 4099.
Tamaño Ancho: 30 cm. Alto: 30 cm.

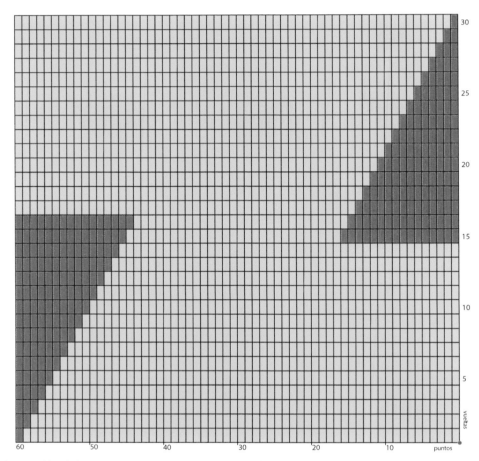

Con hilo verde monta 60 cad. al aire más 3 de altura.

v 1. Introduce la aguja en la cuarta cad. para tejer el primer punto.
Teje un total de 58 p.a. en verde pistacho, en el último paso del punto 59, da una lazada en rosa, recoge con la aguja la hebra y sácalo por los dos puntos de la aguja. Teje el punto 60 en rosa. Monta 3 cad. al aire en rosa y gira la labor.

v 2. Sube la hebra verde pistacho. Trabaja 1 p.a. en rosa y cambia a verde pistacho en el último paso del segundo punto alto en rosa. Deja el hilo rosa en reposo, hasta volverlo a tomar en la siguiente vuelta. Teje 58 p.a. en verde. Teje 3 cad. al aire y gira.

v 3. Teje 56 p.a. en verde pistacho y al final del siguiente punto cambia a rosa. Trabaja 3 p.a. en rosa. Teje 3 Cad. al aire y gira la aplicación en sentido contrario. Sigue tejiendo como indica el gráfico. Recuerda dejar el hilo rosa en espera hasta el momento de comenzar la vuelta 15. Recuerda dejar el hilo rosa en espera hasta el momento de comenzar la vuelta 15.

v 15. Teje 15 p.a. en rosa y lleva la hebra verde pistacho bajo el interior de los p.a. que estás trabajando. En el último paso del p.a. en rosa número 16, cambia a verde pistacho llevando el rosa por el interior de los puntos. Trabaja 28 p.a. en verde pistacho y cambia a rosa al finalizar el siguiente punto. Trabaja 15 p.a. en rosa. Montar 3 cad. al aire y girar.

v 16. Teje 15 p.a. en rosa llevando la hebra bajo los puntos, y en el último paso del punto 16 en rosa cambia a verde pistacho. Trabaja 28 p.a. en verde pistacho y cambia a rosa en el 29º p.a. en verde pistacho. Teje 15 p.a. en rosa hasta finalizar la vuelta. Monta 3 cad al aire y gira.

De la vuelta 17 a la 30, trabaja siguiendo el gráfico y como al principio, dejando el hilo rosa en espera cuando termines de tejer los puntos en dicho color y volviéndolo a tomar cuando tengas que tejerlos en la siguiente vuelta.

Remata ambas hebras y con hilo crudo da una vuelta de p.b. alrededor de toda la aplicación, tejiendo 3 p.b. en el mismo punto cada vez que llegues a cada una de las 4 esquinas.

Rayas transversales

Ganchillo 3 mm. **Hilo** Cotton Nature de Hilaturas LM Crudo 4099. Negro 437.
Tamaño Ancho: 60 cm. Alto: 30 cm.

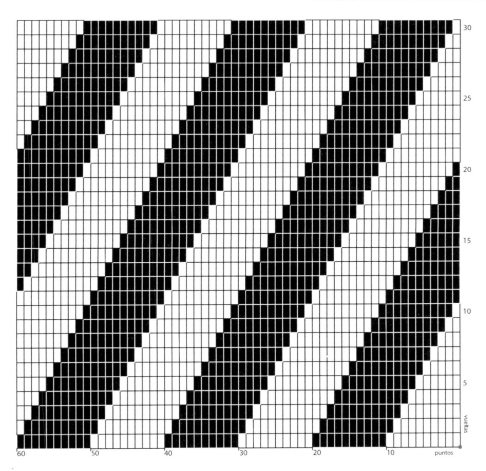

Con hilo crudo monta 60 cad. al aire más 3 de altura.

v 1. Introduce la aguja en la cuarta cad. para tejer el primer punto. Lleva bajo los puntos la hebra negra de modo que mientras tejas vaya escondida, y teje 8 p.a. más en crudo. En el último paso del décimo punto cambia a crudo, es decir, da la última lazada para finalizar el punto nuevo en negro, recógela en la aguja y sácala a través de los dos puntos que hay en la aguja. Trabaja 9 p.a. en negro y cambia a crudo en el décimo punto. Vuelve a trabajar 9 p.a. en crudo y cambia a negro en el siguiente punto. Trabaja 9 p.a. en negro y cambia a crudo en el décimo. Teje otros 9 p.a. en crudo y vuelve a cambiar a negro en el siguiente punto. Teje los últimos 10 p.a. hasta finalizar la vuelta en negro y antes de cerrar el décimo punto da la lazada en crudo, recoge la hebra con la aguja y pásala por las dos cadenas de la aguja. Monta 3 cadenetas al aire en crudo y gira la labor para seguir trabajando en sentido contrario.

Ya tenemos el nuevo color para comenzar la vuelta 2 en blanco y que quede perfectamente alineado con su color.

v 2. Es el momento de mirar el gráfico en sentido contrario. Cada vez que tejas una nueva vuelta deberás leer el patrón en el sentido contrario a la anterior. Teje el primer p.a. en crudo, pero antes de terminar, da una lazada en negro, recoge la hebra con la aguja y pásala por las dos cadenas de ésta. Teje 9 p.a. en negro y cambia a crudo. Sigue tejiendo como indica en gráfico hasta finalizar la vuelta.

La aplicación tiene un total de 30 vueltas de altura, teje como indica el gráfico. Cuando termines la aplicación, corta la hebra negra y remátala por el revés y da una vuelta de punto bajo alrededor de toda la aplicación, tejiendo 3 p.b. en el mismo punto cada vez que llegues a una de las cuatro esquinas. Remata y corta la hebra.

Rayos

Ganchillo 3 mm. **Hilo** Cotton Nature de Hilaturas LM Crudo 4099. Negro 437.
Tamaño Ancho: 60 cm. Alto: 30 cm.

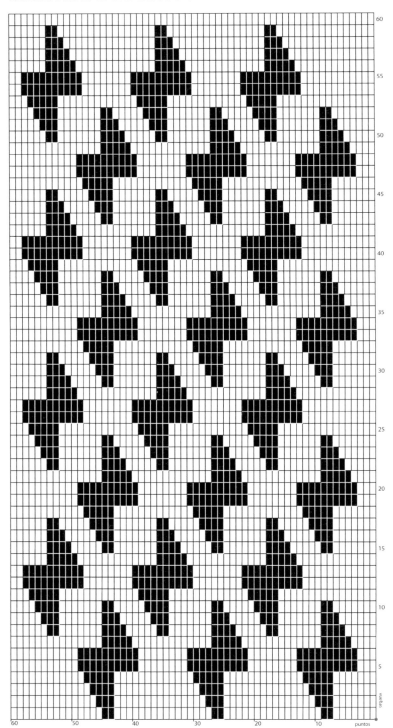

Con hilo crudo monta 60 cad. al aire más 3 de altura.

v 1. Introduce la aguja en la cuarta cad. para tejer el primer punto. Esconde la hebra negra bajo los puntos que vamos a tejer hasta el momento del cambio de color.

Teje 6 p.a. en crudo. En el último paso del siguiente punto, es decir cuando vayamos a dar la última lazada, hazlo en negro, recoge el hilo con la aguja y pásala por las dos cad. que hay en la aguja. Ya tenemos el hilo negro listo para trabajar. Teje 1 p.a. en negro y cambia de color de la misma manera en el segundo punto. Trabaja 15 p.a. en crudo y cambia a negro en el siguiente punto. Teje 1 p.a. en negro y cambia a crudo en el segundo. Vuelve a tejer otros 15 p.a. en crudo y cambia a negro en el dieciseisavo punto crudo. Trabaja 1 p.a. en negro y cambia a crudo en el siguiente. Teje los últimos 15 p.a. en crudo para finalizar la vuelta. Monta 3 cadenetas al aire y gira la labor para seguir trabajando en sentido contrario.

v 2. Ahora debes mirar el gráfico en sentido contrario. Sube el hilo negro y mantenlo bajo los p.a. que vamos a trabajar y avanza con él. Teje 13 p.a. en crudo y cambia a negro en el siguiente punto. Trabaja 2 p.a. en negro y cambia a crudo al finalizar el tercer p.a. en negro. Sigue tejiendo como indica el gráfico. Si eres diestra de izquierda a derecha, si eres zurda de derecha a izquierda. Debes leer una vuelta en un sentido y la siguiente en sentido contrario.

El patrón tiene un total de 60 vueltas de altura, debes prestar especial atención al patrón de los rayos. Es fácil que se nos escape un punto, sin embargo el resultado es genial.

Cuando llegues a la vuelta 60, remata la hebra negra y haz una vuelta de puntos bajos alrededor de toda la aplicación. Teje 3 p.b. en el mismo punto cada vez que llegues a una de las 4 esquinas y listo. Remata y corta la hebra.

MONTAJE

Este proceso es realmente sencillo. Coloca las aplicaciones en su posición final, de modo que formes 4 columnas verticales. Cóselas con ayuda de un aguja lanera enhebrada en crudo.

Toma dos aplicaciones, colócalas revés con revés. Ahora vamos a tener la hilera de puntos bajos de una aplicación junto a la hilera de puntos bajos de la otra. Mete la aguja por el bucle de detrás del primer punto bajo de la primera aplicación, y por el bucle de detrás del punto que está inmediatamente enfrente de la siguiente aplicación. Saca la hebra y pásala por encima en forma circular, (como se indica en las instrucciones de cosido del apartado "puntos"). Hazlo hasta terminar de coser el lado.

Sigue uniendo todas las aplicaciones de la misma manera. Cuando tengas las 4 hileras verticales, une las horizontales. Remata todos las hebras.

Con aguja del número 3, da dos vueltas en p.b. alrededor de toda la manta, recuerda tejer 3 p.b. en el mismo punto en cada una de las 4 esquinas.

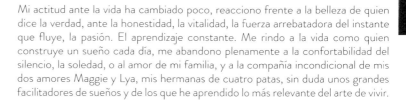

Mi actitud ante la vida ha cambiado poco, reacciono frente a la belleza de quien dice la verdad, ante la honestidad, la vitalidad, la fuerza arrebatadora del instante que fluye, la pasión. El aprendizaje constante. Me rindo a la vida como quien construye un sueño cada día, me abandono plenamente a la confortabilidad del silencio, la soledad, o al amor de mi familia, y a la compañía incondicional de mis dos amores Maggie y Lya, mis hermanas de cuatro patas, sin duda unos grandes facilitadores de sueños y de los que he aprendido lo más relevante del arte de vivir.

Gracias a Kosour Maker y Patricia por sus genuinas piezas que siempre forman parte del atrezzo de Poetryarn y cómo no, de estas páginas. Por ser los mejores hermanos que podría tener. Y a Presencia Hilaturas, a Hilaturas LM, a Pontelana, Alicia de Duduá y a mis editoras. Gente maravillosa que han sponsorizado mi trabajo, han creído en él apenas gestándose y sin saber si era morena o si mi cara tenía pecas, eso se llama tener fe en el arte e intuir lo explosivo. Por lo que este libro no es una excepción de la buena energía de la que siempre termino rodeada, y está lleno de amor, amor del bueno. Gracias.

Me remito cada día a recordar que la vida es un regalo, me invito a la excitación que supone tener nuevos retos. No tengo miedo, soy libre, siempre hago aquello que quiero hacer. Me quiero lo suficiente para sentirme en paz. Entenderás que no podía escribirte desde otro lugar, desde esta habitación, porque pretendo transmitirte que tienes entre tus manos un ejemplar realmente especial. Rebosante de todo aquello que tiene una primera vez.

Y por último, gracias a ti lector. Que posaste tus ojos en este libro para llevarme a casa.

Poetryarn

Quiero hacerte una proposición:

Cuando tengas una idea en la cabeza, suéñala y desarrolla todo a lo grande, sin trabas. Luego saca tu parte realista y dispón un plan para todo aquello que necesite ejecución. Critica tu idea, para bien y para mal, no seas duro ni vehemente.

Y piensa: No te olvides que las personas deben escuchar un poco el silencio para descubrir un poco de música. A través de su música vislumbrará lo auténtico y a través de lo auténtico creará lo propio, como se crean las cosas por primera vez. Pero sólo si se escucha así mismo. Y para eso estás aquí, para crear.

Que así sea.

Una vez tuve una idea, hoy la comparto.
www.poetryarn.com

ORIGINAL PATTERNS

Disfruta tus rarezas. Haz de ellas una virtud. La mayor